***Philip Kotler***

[美] **菲利普·科特勒** 著
**陶 鹏** 译

# 我的营销人生

"现代营销学之父"
菲利普·科特勒自述

**中信出版集团 | 北京**

图书在版编目（CIP）数据

我的营销人生："现代营销学之父"菲利普·科特勒自述 /（美）菲利普·科特勒著；陶鹏译 . -- 北京：中信出版社，2019.4

书名原文：My Adventures in Marketing

ISBN 978-7-5086-9981-3

Ⅰ .①我… Ⅱ .①菲… ②陶… Ⅲ .①市场营销学 Ⅳ .① F713.50

中国版本图书馆 CIP 数据核字 (2019) 第 017107 号



**我的营销人生——"现代营销学之父"菲利普·科特勒自述**

著　　者：[ 美 ] 菲利普 · 科特勒

译　　者：陶　鹏

出版发行：中信出版集团股份有限公司

（北京市朝阳区惠新东街甲 4 号富盛大厦 2 座　邮编　100029）

承 印 者：北京通州皇家印刷厂

开　　本：880 mm × 1230 mm　1/32　　印　　张：9.75　　字　　数：165 千字

版　　次：2019 年 4 月第 1 版　　印　　次：2019 年 4 月第 1 次印刷

京权图字：01-2018-2589　　广告经营许可证：京朝工商广字第 8087 号

书　　号：ISBN 978-7-5086-9981-3

定　　价：68.00 元

# 目　录

# 前言

2013年，我接受《日本经济新闻》的邀请，撰写了30篇专栏文章，每篇文章有600~800个字。这些文章在2013年的12月以每天一篇的方式连续刊出。

我听说，多年来，每到年末，《日本经济新闻》都会邀请各界名人撰写专栏，这些人都曾做出杰出贡献，包括伟大的企业创始人松下幸之助、盛田昭夫等，还有托尼·布莱尔（英国前首相）以及我所尊敬的彼得·德鲁克（现代管理学之父）。

我写过不少书和学术文章，但从没想过写专栏。我认为专栏作家是像托马斯·弗里德曼[①]、大卫·布鲁克斯[②]和保罗·克鲁

① 美国当代经济学家、芝加哥经济学派代表人物之一，货币学派代表人物，1976年诺贝尔经济学奖获得者。——编者注

② 毕业于芝加哥大学历史系，《纽约时报》专栏作家，美国知名公共知识分子。——编者注

格曼[①]这样的人，他们为《纽约时报》一周写两篇专栏文章，他们这种每隔三四天就能产出一篇有趣文章的能力令我惊叹。

不用说，我对于这份邀请极感兴趣，毫不犹豫就答应了。激动之下，我完成了49篇文章，并交给《日本经济新闻》，由他们决定刊出其中的30篇作为专栏文章。但是，为了不让其他的文章湮没于历史中，我和《日本经济新闻》决定，在2013年12月专栏文章全部刊出之后，把所写的49篇文章结集成书在日本出版。经《日本经济新闻》同意，我拥有该书的英文出版权，并且有权将翻译版权卖给日本之外的任何国家。

回头看我写的文章，我发现这本书最好的书名是《以营销视角看世界和人生》(*Seeing the World and Life Through Marketing Eyes*)。在这些文章中，我思考并分享了诸多方面的内容：我的个人经历、我的家庭、我的友谊、我的人生经验，以及贫穷、和平、宗教、国家、城市建筑、博物馆、表演艺术、创新、财富的产生、竞争、腐败、政府管制、经济理论、营销科学、企业社会责任、社会化营销、转型、分裂、非营利组织、收藏、品牌、经营宗旨和人生幸福。

每当灵感涌现，我觉得600~800个字的篇幅简直太束缚

① 美国经济学家，2008年诺贝尔经济学奖获得者，其《国际经济学》一书在中国广大学生中深受欢迎。——编者注

我了，不知不觉就写到了 1 000~1 500 个字，这时我又不得不删改。我不禁开始佩服起那些著名的专栏作家，技艺非凡的他们，每隔几天就能用有限的篇幅传递出令人兴奋的思想，并从读者那里获得极高的满意度。我也佩服那些严肃的博客作者，因为他们从事的也是频度极高的专栏写作事业。

亲爱的读者，希望你能觉得我的一些思考是有趣或者令人激动的。

**菲利普·科特勒**

## 第1个故事

# 回看我的人生

作为大学教授、咨询师和作者，我在营销领域已活跃了50年。可以说，我是发自内心地享受营销。营销是应用经济学的一个分支，我真心希望我曾为这个领域做出了一些贡献。我先后出版了50多本书，涉及营销的不同领域，并且提出了诸如"社会化营销"和"逆营销"（demarketing）的概念，丰富了营销领域。作为回报，我得到了15个荣誉学位以及其他的一些褒奖。

当被问及"什么是营销"时，你首先想到的是什么？我敢肯定是"销售"，就是那种使用广告、直邮、促销和宣传来卖东西的销售。然而，销售只是营销极小的一部分。原则上，营销应该帮助企业决定生产什么、如何定价、如何分销，当然还有如何促销。营销是一门实践科学，它的目标是提升企业的销售额和利润，通过创造价值和提升顾客满意度来丰富人们的生活。自从我进入营销领域，半个世纪过去了。这些年来，我有机会为营销科学的发展做出一些贡献，在几个大学教授这门课，为业界及不同国家与地区的机构充当咨询师。我现在已经80多岁了，所以，我想现在也许是反思我的人生和经历的好时机。很幸运，我现在身体很好，充满好奇心，渴望尝试新事物。我觉得我的身体年龄和心理年龄都只有60岁，我一丝一毫没想过退休。

事实上，我正在做许多新项目，包括筹备每年的世界营销峰会。我们已经举办了2012年孟加拉国的达卡峰会（首届）和2013年马来西亚的吉隆坡峰会，并且在2014年9月24—25日即将举办日本的东京峰会。东京峰会为时两天，杰出的演讲嘉宾和营销专家将一起探讨“通过营销创造一个更好的世界”的不同路径。演讲者和小组讨论将探讨如何提升经济的实际增长、社会公正以及一个可持续发展的星球。我们聚焦于企业、政府和非营利性组织如何一起工作，以提升今日70亿人口及其后代的生存和生活水平。

我当前的研究聚焦于国家经济发展中超大城市的角色问题。拥有超大城市的国家将会是强大的国家。我还完成了一个新的手稿《重新思考资本主义：优点、缺点和解决方案》(*Reconsidering Capitalism: Strengths, Shortcomings and Solutions*)。在这篇手稿中，我审视了资本主义的 14 个缺点，并为如何克服每个缺点给出了建议。

我确信，你们理解的营销既是一套以服务顾客为中心的哲学，又是解决经济和社会问题的一系列行为和技能。几乎每个人都会向另一些人营销某些东西，比如小伙子追求女孩，总经理努力获得合同，低级职员努力得到晋升，等等。因此，我希望读者们会对这一领域的研究感兴趣。

这是我第一次尝试以自传的形式来写作。如果你对我有些许了解的话，你可能听说过"4Ps"的说法。这里的 4Ps 代表产品（product)、价格（price)、渠道（place）和促销（promotion)，它是在 20 世纪 60 年代作为整个营销过程的重要元素被提炼出来的。我的《营销管理》(*Marketing Management*）就是描述和应用 4Ps 理论的，它是世界上应用最广的本科和研究生营销教材，现在已经是第 14 版了。读者朋友们，我乐于跟你们分享我的传奇之旅。

第 2 个故事

# 我的家庭

先从我的家庭说起吧。1931 年 5 月 27 日，我出生在伊利诺伊州的芝加哥，当时美国经济正处于大萧条的中期。我的父亲莫里斯·科特勒夫斯基出生于俄罗斯的下诺夫哥罗德。他 17 岁离开俄罗斯（那时俄罗斯正处于社会主义革命中），移民到了美国。在纽约的埃利斯岛上岸时，他身无分文，他的姓氏也被缩写为科特勒。不久之后，在亲戚们的帮助下，他定居在了芝加哥。

我的母亲贝蒂·布巴出生于乌克兰的别尔季切夫。她 12 岁时移民到加拿大，随后又到了芝加哥。几年之后，她遇到了莫里斯·科特勒，俩人坠入爱河并且结婚。那时，我的母亲在一家大百货公司当售货员，我的父亲刚开始在一家洗衣店工作，有了一些积蓄之后，开了一家鱼铺。

我母亲共生了三个孩子。我是老大，我的弟弟米尔顿比我小 5 岁，最小的弟弟尼尔比我小 10 岁。尽管我们的相貌和个性迥然不同，但我们有一点是相同的：都选择追求学术的乐趣，都发自内心地想让世界变得更美好。

前排左起为米尔顿、尼尔、菲利普，后排左起为莫里斯和贝蒂

“准备发表演说”的小菲利普

芝加哥是我们的故乡，那时它正在努力应对日益扩大的贫富差距和日渐恶化的治安状况。尽管我们还只是孩子，但我们看见和感受到了不同人们之间的经济生活差距。即使我们在生理层次的基本需求已经得到满足，我们还是觉得相对贫穷。

我的大弟弟米尔顿接受了左派思想，他在 16 岁时就进入了芝加哥大学。大学毕业后，他为华盛顿特区的一家左翼研究所工作。他出版了一本颇具影响力的书叫《邻里政府》（*Neighborhood Government*），倡导在邻里间建立治理结构，以决定每个邻居应该生产什么，出口什么，进口什么。这些年来，他的政治立场逐渐变化，最终成了一名坚定的保守主义者。人们在生命的不同阶段从激进转向保守，这并不奇怪。米尔顿练就了超强的企业家商业意识。2004 年，他在中国成立了科特勒咨询集团，以抓住中国改革开放带来的商机。他那个 50 人的小公司后来被评为中国排名第一的营销战略咨询公司，胜过包括麦肯锡在内的西方咨询公司。最近，米尔顿和我在威利出版公司出版了两本书：《逆势增长：低增长时代企业的八大制胜战略》（*Market Your Way to Growth: Eight Ways to Win*）和《营销的未来：如何在以大城市为中心的市场中制胜》（*Winning Global Markets: How Businesses Invest and Prosper in the World's High-Growth Cities*）。

我的小弟弟尼尔则选择了不同的道路。他在威斯康星大学麦迪逊分校学习政治学，并且在芝加哥大学获得政治学博士学位。他热情地献身于民主和美国早期历史研究，对一个理想政府该如何运行有深入的研究。之后，他专注于研究博物馆和

从左至右米尔顿·科特勒、菲利普·科特勒和尼尔·科特勒

其他非营利性组织。我和尼尔一起写了《博物馆战略与市场营销》（*Museum Strategy and Marketing:Designing Missions,Building Audiences,Generating Revenue and Resources*）一书，这本书在2003年出版，许多博物馆界的人将它称为关于博物馆战略和营销的“圣经”。不过，很不幸，尼尔在72岁那年因白血病去世。我非常难过，失去了这样一位了不起的、才华横溢的弟弟。

我不知道为什么在一个移民家庭出生了三名知识分子，而他们的父母并没有受过什么正规教育。我们都喜欢漂亮又甜美的母亲。我们的父亲是一个很有天分的足球运动员，他希望孩子们能成为运动员，但我们三个对运动都没什么兴趣，因为我们更愿享受思考的人生。我父亲在晚年曾经面带微笑地告诉我：“我从未像此刻一样为我的儿子们感到自豪。”

第3个故事

# 早期学校生活、经典阅读及芝加哥大学

自儿时起，每当我听说谁做了件了不起的事情，我都有强烈的冲动要去做一件类似的事情。读到关于宇航员的文章时，我想当宇航员；读到爱因斯坦的传记时，我想成为科学家和数学家；读林肯的传记后，我又想投身政治。我像伍迪·艾伦执导的电影《变色龙》中的那个西力，崇拜身边的人并且梦想成为像他们一样的人。

事实上，我之所以疯狂地喜欢不同的职业经历，很大程度上受我所读之书的影响。赫尔曼·梅尔维尔的《白鲸》、托马斯·曼的《魔山》和陀思妥耶夫斯基的《罪与罚》都深深地打动我。读了这几本以及其他的伟大小说后，我梦想成为小说家，去描绘角色之间围绕艰难的道德困境所进行的复杂斗争。

我的写作兴趣源于高中。那时我为校报写文章，评论当时的社会潮流。我认为年轻人在运动上花了太多的时间，收音机里优质的新闻和谈话节目太少了，大部分美国电影毫无价值。身为辩论社的主席，我发动学生讨论当下的政治话题，比如工人是否必须加入工会或者美国是否应该有自己的军队。那时，第二次世界大战刚结束，一个新的秩序正在建立。我还被选为班级年度选集《Log》的主编。

最左边是菲利普·科特勒，编辑中还有谢尔·希尔弗斯坦，后来他作为诗人、唱作人和漫画家，展示出了巨大的天赋。当他还是一个高中生的时候，就已经才华横溢了

高中的时候，我开始思考我的未来。犹太移民的孩子经常被劝告选择三种职业：医生、律师和工程师。但我对那些职

业都不感兴趣。我想当一名会计师，这样我就可以学到许多经济知识，而且我觉得会计这个职业也会给我带来稳定和不错的收入。

我向芝加哥地区的知名学府德保罗大学递交了入学申请，学校给了我全额奖学金。我计划在会计和法律领域获得双学位，因为在商业领域中这种跨界很受青睐。一年后，我开始觉得少了点儿什么。我认为我应该去接受更为广阔的教育，而非仅仅学习像法律和会计这样的实用性知识。那时，我对列出有史以来最重要著作的经典阅读运动有所了解。这个运动的创始人是莫提默·艾德勒，他与著名的芝加哥大学校长罗伯特·赫钦斯联系紧密。

罗伯特·赫钦斯，芝加哥大学校长

莫提默·艾德勒，经典阅读运动创始人

经典阅读运动致力于向读者介绍世界上最伟大思想家的思想。艾德勒和他的伙伴们开出了一个包括100本经典著作的书单，并且指导讨论组对人类面临的基本课题进行研讨。由于这项运动主要在芝加哥大学进行，在德保罗大学度过两年之后，我申请转校到芝加哥大学。芝加哥大学经济系给了我奖学金，这使我能够继续沉醉于哲学家们的思想，比如柏拉图、亚里士多德和马基雅维利。通过大量的阅读，我拥有了批判性思考的能力，并且对于“如何建设一个更美好的社会”产生了终生的兴趣。

当然，一个人在阅读柏拉图和其他经典著作时，不太可能获得有关数学、经济学和工程学的知识。我们总要做出取舍。如今，在互联网时代，年轻人往往对于创业、创新、技术更感兴趣，然而，我一直坚信，历史上的伟大思想能够赋予人们灵感与创意，也能激励我们为建设一个更美好的世界而努力奋斗。

第 4 个故事

# 从芝加哥大学到麻省理工学院

芝加哥大学的氛围很刺激。经济系的师资无与伦比。从米尔顿·弗里德曼、弗兰克·奈特及其他教授那里，我了解到自由市场和竞争的运作与价值。1976年，也就是亚当·斯密出版《国富论》200年后，弗里德曼获得了诺贝尔经济学奖。通过《资本主义与自由》《自由选择》等著作，他成为个人主义和自由市场最主要的倡导者。

14岁的时候，我读了马克思的《共产党宣言》，感受到它对资本主义的猛烈抨击。我从贫苦中长大，当我听说洛克菲勒和卡内基家族奢华的生活方式时，我无比愤怒。“为什么收入分配如此不公？”从那时起，我就清楚我要更好地利用经济学理论，去创造一个更加公平的社会。

但我那时太年轻，无法理解真实的世界。在听了芝加哥大

米尔顿·弗里德曼

学经济学大师们的讲座后，我开始对资本主义理论着迷。

芝加哥大学在广阔的社会科学领域有许多杰出的教授。从他们那里，我学到许多经济学、社会学、人类学和政治科学要义。我开始懂得除了哲学以外的其他社会科学，它们令我受益匪浅。

当我 20 岁出头拿到芝加哥大学经济学硕士学位的时候，我的人生道路变得日渐清晰，我的目标是成为一流大学的杰出经济学家。

对我来说，下一步该做的是获得一个博士学位。那时，除了芝加哥大学外，以经济学研究著称的还有哈佛大学、麻省理工学院和加州大学伯克利分校。我选择了申请麻省理工学院，并且获得了西屋奖学金。我非常激动地向智慧激荡之城——马萨诸塞州的波士顿进发了。

在这里，我又可以在杰出经济学教授门下学习经济学了。其中一位是保罗 · 萨缪尔森，他发表了无数篇论文，其著作《经济学》（*Economics*）已经再版十几次了，读者遍及全世界。萨缪尔森于 1970 年获得诺贝尔经济学奖。遇到他之后，我的经济学思想从自由市场经济学转向了凯恩斯主义经济学。我开始认为，在经济衰退的年代，政府必须发挥积极作用以刺激经济增长，即使短期内会增加国家债务。麻省理工学院的经济学教授还有弗兰科 · 莫迪利安尼，他在金融理论方面做出了重要贡献。还有罗伯特 · 索洛教授，他对创新在经济增长中扮演的角色很有研究。莫迪利安尼和索洛分别在 1985 年和 1987 年获得诺贝尔经济学奖。

保罗 · 萨缪尔森　　罗伯特 · 索洛　　弗兰科 · 莫迪利安尼

在完成博士论文后，我要想获得博士学位，最后一步是通过学院答辩委员会的审查。委员会的三个成员是保罗·萨缪尔森教授、罗伯特·索洛教授和查尔斯·迈尔斯教授。我仍然记得萨缪尔森教授问我："你如何评价卡尔·马克思的劳动价值论？"我的回答是："价值不仅由劳动产生，也由资本产生，最终价值是由购买者于消费体验中发现的。"当我回忆此事时，我才意识到我的回答近似于市场营销领域中价值的概念。被提问一个半小时后，我被告知于门外等候最终决定。我自然非常紧张。

那时，我的脑海里突然闪过一则逸事。我听说当初萨缪尔森在参加哈佛的口头考试时，他的评审人是约瑟夫·熊彼特教授和阿尔文·汉森教授。萨缪尔森离开评审室后，这两位教授四目相望，熊彼特问汉森："我们两人是否通过了评审？"看来他们是觉得自己在接受考试。

5 分钟后，萨缪尔森、索洛和迈尔斯出来，并告诉我："恭喜你，科特勒先生，你通过了。"

## 第5个故事

# 南希，我最好的朋友和爱人

每个人都应该有一个最好的朋友，并爱上对方。我的妻子南希就是我最好的朋友和爱人。我在《营销管理》第一版直到最新一版的致谢部分就表达了这种感受。“本书献给我的妻子和最好的朋友南希”，我于此想要再次衷心、真挚地致谢和致爱。

在没有算法适配和互联网社交服务的支持下，我能遇到南希，真是一个奇迹。那年我 23 岁。某一天，我在麻省理工学院的宿舍看到一张海报，说是哈佛的女校拉德克利夫学院要举办一个叫“乐起来”的非正式聚会。

“什么是‘乐起来’？”我问熟悉的朋友。

“这是由拉德克利夫学生组织的聚会，目的是遇见心仪的人。”他告诉我。

南希·科特勒

我决定参加那晚的“乐起来”聚会。聚会地点在拉德克利夫学院的一个宿舍。有 30 多位年轻的女士和一大批男士参加了这个聚会。哈佛的男生身着夹克衫，外表很酷。与之相反，麻省理工学院的学生大多戴着大个的计算手表，甚至有的人口袋里装着标尺。

我环视四周，发现了一位黑发、目光深邃的美丽女士。我走向她，邀请她跳舞。“好。”她微笑着答应了。跳舞时，我对她说："你长得像克娄巴特拉[①]。"她回答："我就是克娄巴特拉。"我们的罗曼史就这样开始了。

离开之前，我邀请她下周去麻省理工学院旁边的查尔斯河玩帆船。她同意了。但有一个问题：我自己从未玩过帆船。好在我有一周的时间学习。这一天终于来了，我去接南希，她看到我时觉得有些奇怪，因为我穿着一双黑皮鞋，那不是真正的驾船人穿的鞋。那天天气很好，帆船在查尔斯河上滑行。不幸的是，风突然停了，船也不动了，只能由海岸警卫队的船把我们拖回岸边。但南希一点儿也没有慌乱，反而哈哈大笑，被我这个蹩脚的水手给逗乐了。

我们的浪漫之恋始于 1953 年，现在我们已经结婚 59 年了。这一切要感谢一张"乐起来"的海报。

南希不仅为我带来了充满爱和温馨的美好生活，而且凭借后来获得的法律学位及聪明睿智帮助我们审议有关家庭、出版等事务合同。除了这些，她为我们生了 3 个女儿——艾米、梅莉沙和杰西卡。如今，3 个女儿都建立了自己的家庭，又为我们带来了 9 个外孙——艾米给我们带来了乔丹、杰米、埃莉和艾比，梅莉沙带来了奥利维亚和山姆，杰西卡带来了谢纳、萨

① 克娄巴特拉，一般也称埃及艳后，是古埃及托勒密王朝最后一任女法老。——编者注

科特勒的女儿们，艾米、杰西卡和梅莉沙

科特勒的外孙们

菲尔和丹特。感谢上天赐予我如此美好的生活。

世上的婚姻基础各不相同。人们往往重视夫妻双方是否来自同一个社会阶层，或者新人的父母能否提供可观的嫁妆，而不看夫妻双方有没有爱。寻找生命中的伴侣也受运气的影响，婚姻市场是世界上效率最差的市场之一。正因为这个市场不完美，所以有很多新的约会服务机构诞生，为男人和女人提供更多的信息和更多的选择。南希和我虽没有使用这种服务，我们依然过得好极了。

第6个故事

# 为写博士论文和南希一起去印度

为什么萨缪尔森教授在我博士论文答辩时会问关于劳动价值理论的问题？因为我在博士研究阶段对劳动经济学产生了浓厚的兴趣。

我总是将劳工阶层与我父母所在的阶层等同起来。我愤怒于富人和穷人之间的鸿沟看起来变得越来越深。我质疑工人们的劳动是否被公平地付酬，因为大多数工人所得根本无法维持生计。我决定将劳工问题作为我的研究课题。我也想搞清楚工会在缓解收入不平等时所扮演的角色。管理层如何对待劳工是一个永恒的课题。正如今天，麦当劳的雇员会抗议该公司宁愿买一架新飞机，也不愿意提高职工的工资。

我在麻省理工学院的指导教师是查尔斯·迈尔斯教授，他在劳工与工业经济领域是世界性的权威。迈尔斯教授手头正好在做一个由福特基金会资助的大项目，这个项目的主题是考察发展中国家工人的实际工作与报酬状况以及工会的角色。他与加州大学伯克利分校的克拉克·克尔[①]、芝加哥大学的弗雷德里克·哈比森[②]和哈佛大学的约翰·邓洛普[③]3位教授一起进行此项目。

1955年春，迈尔斯邀请我加入他的项目，并且派我在这年秋天去印度进行为期一年的研究。我唯一关心的是南希如何看待此行，因为我们刚于1955年1月30日结婚。我立刻与她讨论这次机会。南希当时还是拉德克利夫学院的学生，将于9月升入三年级。她读过很多关于印度的书，包括福斯特的《印度之旅》。她说，她非常高兴与我一起去印度，印度是我们度蜜月的理想之地。她向拉德克利夫学院请了一年的假，然后我们就出发去了印度。

我们自波士顿起飞，经伦敦、卡拉奇到孟买，开始游历这个广阔的世界。在此之前，我只有一次出国旅行的经验，那是在1954年我用了两个月的时间游览了欧洲20个著名的城

① 美国教育改革家、劳动和工业关系经济学家，著有《大学之用》等。——编者注

② 美国经济学家、劳工问题专家，与克拉克·邓洛普等人获得1961年的麦肯锡奖。——编者注

③ 曾任美国劳工部部长、劳工问题专家、哈佛大学经济系主任。——编者注

市，包括伦敦、巴黎、罗马、哥本哈根、维也纳、布达佩斯和戛纳。

印度之旅带给我们一个完全不同的世界，我们见了许多前所未见之事：乞讨的儿童、睡在大街上的人、自由漫步的牛，以及飘荡在空气中的异域香味。

我研究的主题是：给予印度工人更高的工资是否能提高他们的劳动生产率。我的逻辑前提是印度公司愿意吸引更多的熟练工，这些工人有能力生活得更好，可以送孩子接受教育，在必要时能看医生。我假设这些工人会把额外收入花在食物、教育上，这样他们会过得更好。

但我的逻辑前提没有得到数据支持。事实是，有些印度工人一旦赚得足够多，就会辞职回到村庄。而有些人选择把钱花在赌博、喝酒和嫖娼上。他们的妻子竭力在丈夫花光工资之前拿到钱，以管理家庭开支。那时，我才发现，我对真正的生活知之甚少。

在孟买待了三个月后，南希和我来到了德里。我们遇到了许多印度学者，比如萨比阿·卡纳潘，以及研究印度经济的美国人，比如利昂·赫希。我们还碰到了两个美国人，拉里和特里，他们开着一辆大众的甲壳虫汽车，我们与他们一起游览阿格拉的泰姬陵和斋浦尔，这些经历非常美妙，令人享受其中。

他们跟我们一起返回德里。那时正值冬季，德里很冷，我们，还有一个用人，挤在一栋小房子里。

我们在德里待了三个月后又去了加尔各答，在那里停留了三个月。加尔各答的市中心很棒，有许多标志性的英国建筑，但除此外，其他地方都很穷，有不少人露宿街头。我继续收集数据。南希喜滋滋地穿着纱丽[1]，结识各种人，但她吃不了印度的食物，日渐消瘦。她去看医生，医生建议她也许应该早点回到美国，让我自己在这边完成论文。因此南希比我早一个月离开印度，回到美国后，她又恢复了健康活力。我继续做我的论文，直到 1956 年 8 月飞回波士顿。

尽管我的假定经证明是错误的，但我的论文仍有许多新发现。我向麻省理工学院的答辩委员会递交了论文，获得一致通过。因此，我获得了经济学博士学位，并于 1956 年 9 月从麻省理工学院毕业。我本想在劳工经济学方面觅得一份教职，但接下来发生的一件事，促使我改变了我的研究领域。

---

① 即 Sari，印度妇女的传统服饰，穿着的时候以披裹的方式缠绕在身上。——编者注

穿着纱丽服的南希·科特勒

## 第7个故事

# 任教罗斯福大学，去哈佛学一年高数

20 世纪 60 年代的美国，许多问题凸显，尤其是越南战争的爆发，使民众对与家庭相关的社会问题的关注度陡然上升，比如环境污染、种族歧视和妇女权利。年轻人的观念和行为随着披头士的兴起而改变，嬉皮士文化和反文化令固有秩序塌陷。

博士毕业以后，我和南希回到了芝加哥，我开始寻觅一份教职工作。我的首选是东北大学[①]或芝加哥大学，但它们都没有职位空缺。在几个选择中徘徊不定时，我被罗斯福大学吸引。这是一所激荡着前沿思想的学校，是在美国第 32 任总统

① 东北大学是坐落于波士顿市的一所美国顶尖私立研究型大学。——编者注

富兰克林·罗斯福的妻子埃莉诺·罗斯福的支持下成立的。我接受了罗斯福大学的邀请，成为该校经济系的一名助理教授。该系拥有杰出的经济学家阿巴·勒纳，时人称之为“左翼的米尔顿·弗里德曼”。我也为能与沃尔特·韦斯科普夫教授一起工作而高兴，他将哲学和人文视角带入了经济学。那时韦斯科普夫教授就率先批判了日后将流行的一种经济学趋势，即假定所有的消费者、生产者和经销商都会进行理性的最大化决策，好像经济学与牛顿物理学差不多似的。勒纳教授和韦斯科普夫教授都是不堪忍受纳粹的暴行逃到美国的。他们的故事深深地吸引了我。

我很享受在罗斯福大学的教学时光。许多学生是怀抱着实现美国梦的愿望进入大学的第一代人。由于他们与我年龄相仿，我与他们建立起了温暖、友好的关系。在罗斯福大学的第二年，我听说福特基金会计划选拔 50 名年轻的经济学教授，去哈佛学习一年高数。福特基金会希望升级商学教育，让商学教育更多地建立在数学和社会科学上。在面临复杂问题需要做决策的时候，美国的经理人感觉越来越需要使用数学分析。

我很幸运地入围了这 50 名年轻的青年学者名单。这意味着南希和我要去波士顿一年，她家在波士顿，她很高兴。

福特基金会项目挑选的教授来自不同领域，包括会计、金融、商业战略、运营、人力资源和市场营销。我选择花更多的时间跟随市场营销的教授，比如，弗兰克·巴斯、埃德加·佩斯米尔、罗伯特·布泽尔、杰瑞·麦卡锡和威廉·拉泽，他们后来在市场营销领域都享有盛誉。我做此决定是因为我想知道真正的市场和定价机制是如何运作的。那时，经济研究的流行做法是根据需求与供给来抽象描述并分析定价和产出。但这种方式从未令我满意。

弗兰克·巴斯

罗伯特·布泽尔

威廉·拉泽

杰瑞·麦卡锡

有些读者可能认为经济和市场营销是不同的研究领域。事实并非如此。市场营销属于应用经济学，它深入观察商品在从生产者到批发商再到零售商的不同阶段，关注商品的价格到底是如何形成的。经济学家并不研究这些。他们也没有研究需求是如何被广告、推销、产品特性、促销及其他市场营销工具影响的。传统的经济学家说那些工具只是推高了需求曲线，并未给出具体分析。

市场营销小组的经历在两个方面影响了我。第一，我开始考虑将我的主要研究兴趣从劳工经济学转向营销经济学。第二，我深信数学在提升经济和营销决策质量方面是至关重要的。我开始考虑写一本书，书名可能是《市场决策：建模方法》（*Marketing Decision Making: A Model Building Approach*）。

《市场决策：建模方法》

第 8 个故事

# 加入西北大学凯洛格商学院

1960 年，在哈佛一年的高数学习之旅结束之后，我改变了原来的写作计划。这个变化部分归因于西北大学的唐纳德·雅各布教授。他也参加了福特基金会哈佛计划，我们在这个项目中成为好朋友。回到芝加哥的罗斯福大学后，我接到唐纳德的电话，他问我是否有兴趣去西北大学管理研究生院（后来因接受凯洛格家族而非凯洛格公司的一大笔捐赠更名为凯洛格商学院）工作。我很高兴，南希也认为这次跳槽不错。

我与当时的院长理查德·邓汉姆见了面，就商学院进行了愉快的交谈。很快，我接到唐纳德·雅各布的电话，我被雇用了，我可以从 1961 年的秋季学期开始执教。唐纳德特意问我，是愿意教管理经济学还是市场营销。他清楚地知道我没有正式教过市场营销，但他说那是我的优势所在。因为我之前的训练

菲利普·科特勒与唐纳德·雅各布（右）

并不在这方面，所以我将会带着一个新鲜的视角进入市场营销领域。他说经济学是一个已经非常发达的学科，为经济学增添原创理论的机会比为市场营销增添原创理论的机会少多了。他认为市场营销还处于发展之中，值得由一名训练有素的经济学家攻克并完善它。我告诉唐纳德，在与学院的市场营销系教师见面后，我会做出决定。

起初，我会见了斯图亚特·亨德森·布里特教授，他是一位迷人的学者，在心理学理论和广告方面写了大量的文章。斯图亚特教授看起来更像英国人，而非美国人，尽管他来自密苏里州的福尔顿。他诠释了广告的角色，“做生意不做广告，就像在黑暗中向美女抛媚眼。你知道你在干什么，可别人不知道”。斯图亚特教授也是一个爱开玩笑，并经常付诸行动的人。我记得他曾经开着他的劳斯莱斯，副驾驶座位上放着一个与真人一般大的雕像，当他去办事的时候，这个雕像就看着车。还记得有一次，我去他家参加聚会，按门铃的时候，发现门铃声竟是一声尖叫。在他家，你永远不知道会发生什么。

后来，我又遇到了哈珀·博伊德、拉尔夫·韦斯特费尔德和理查德·克莱维特，他们在市场营销学术界有很高的声望。基于他们服务过的公司，他们在市场战略和市场研究方面写了许多哈佛风格的教学案例。更有趣的是，他们都热衷于去国外旅行，并且写诸如埃及、土耳其、匈牙利如何进行市场营销的文章。我对于世界上的市场营销实务有着浓厚的兴趣。我被引荐与西德尼·列维认识，他在一年前入职。西德尼曾在芝加哥大学学习社会科学，他是社会科学研究组织的会员，从事消费者行为分析。同是跨学科教学，西德尼给我留下了很深的印象。不用说，与系里资深教师的会见更充分地说明了唐纳德的观点，我会将我的未来投入重塑市场营销理论和实践中，而不

西德尼·列维教授

是教授经济学。

我从不后悔这个决定，而且我们市场营销系的成长很大程度上是通过引入没有受过市场营销训练的社会科学博士和数学博士实现的。杰拉尔德·萨尔特曼的专业是社会学，他加入我们后，为我们带来了他对于创新理论扩散的深刻理解，以及隐喻在消费者决策中的角色。

路易斯·斯特恩从俄亥俄州来到我们系，带来了他在理论和实践上对于市场渠道的深刻理解，同时他也是一名杰出的教

菲利普·科特勒与杰拉尔德·萨尔特曼（右）

师。艾利斯·塔伯特和布赖恩·斯特恩斯奥加入了我们系，他们带来了对于消费者行为和广告理论的深刻理解。莫汉·索内来自沃顿商学院，他为许多新媒体公司做咨询，是我们的技术和社交媒体专家。安迪·佐尔滕斯和辛哈·普拉巴哈将数学思想应用于提升销售人员的决策能力，他们写了 3 本销售管理领域的经典之作。罗伯特·巴拉滕伯格来自芝加哥大学，推进了零售决策理论发展及客户生命周期测量研究。詹姆斯·安德森带来了对 B2B（企业对企业）市场营销的深刻理解，他写了这个领域最重要的教材，并且在《哈佛商业评论》上发表了至少 5 篇广受好评的文章。约翰·谢瑞和罗伯特·库兹涅茨都是人类学家，对消费者行为进行人种学研究。斯坦利·斯塔西在提升我们对客户信息系统的理解方面做出了基础性的工作。迪帕克·杰恩随后加入我们，将高数理论应用于新产品的推出，作为一名教师，他指导的 10 名学生都给他打了 10 分（后来他成为我们的系主任）。

凯洛格商学院教职人员：上列（从左至右），路易斯·斯特恩、布赖恩·斯特恩斯奥、艾利斯·塔伯特、莫汉·索内；下列（从左至右），安迪·佐尔滕斯、罗伯特·巴拉滕伯格、詹姆斯·安德森、迪帕克·杰恩

（从左至右）菲利普 · 科特勒、约翰 · 豪瑟、路易斯 · 斯特恩、安迪 · 佐尔滕斯的早期照片

（从左至右）唐纳德 · 雅各布、路易斯 · 斯特恩、马特 · 图特、斯坦利 · 斯塔西、菲利普 · 科特勒、拉尔夫 · 韦斯特弗尔在 2013 年的聚会照片

我还在犹豫是否要继续写《市场决策：建模方法》。这本书将是我作为一名市场经济学家，而不是作为宏观或微观经济学家对经济学理论的贡献。

或者，也许我应该应弗兰克·厄伦巴赫之请写一本不同的书，弗兰克是著名教材出版商普林蒂斯–霍尔的明星销售员。

## 第9个故事

# 决定撰写《营销管理》

1963年，我加入凯洛格商学院后，弗兰克·厄伦巴赫来拜访我，他是著名教材出版商普林蒂斯－霍尔的天才销售员。他想出版我的第一本书。我给他看了《市场决策：建模方法》的手稿。他对我建议说："这本书对市场营销有原创性的贡献，但这不应该是你的第一本书。你首先应该写一本教材，要使用对市场营销来说是创新的方式写作。"他认为我正在写的这本书是专业水准的书，读者面不是很宽。弗兰克接着说："如果你撰写了一本超级教材，你将会赢得大量的读者。你会获得丰厚的回报。"他的言辞打动了我，因为我确实不喜欢现有的任何一本教材。

现有的绝大多数市场营销教材只会详细地描述市场渠道、销售管理、广告、促销以及其他事情，而不会讲述市场决策的分析方法，它们欠缺学术研究成果和方法论，没有将顾客置于市场营销世界的中心。

在接下来的两年中，我为《营销管理：分析、计划与控制》（*Marketing Management:Analysis, Planning and Control*）做准备工作。最后，它在1967年出版了。29年后，英国的《金融时报》在1996年12月9日将《营销管理》列入有史以来50本最伟大的商业图书，列第一位的是亚当·斯密的《国富论》。

《营销管理》，1967年第1版

在写作《营销管理》的过程中，我决定将它建立在 4 个基础学科之上：社会科学、经济学、组织行为学和数学。为了展示市场营销的基本原则，我在书中使用了大量的实证研究和案例研究。我把商业组织划分为四种类型：以生产为中心、以销售为中心、以市场营销（顾客）为中心和以社会为中心。我着重强调，公司应该聚焦顾客，理解他们的需求、思考方式，了解他们的品味和偏好。我还说过，公司应当关注其产品是如何影响公民幸福的。

我对这本新书会一败涂地或大获成功完全没有概念。结果是后者，但让我更高兴的是，这本书帮助市场营销作为一门真正的学科被认可，提升了市场营销作为一个研究领域的形象和地位。弗兰克的预感果然正确，这本书马上成为世界各地大学在寻找市场营销教材时的首选。

市场营销不仅包括渠道伙伴、做广告和进行促销。它的特点在于在产品、价格、渠道、促销（即 4Ps）的基础上建立一个可靠的市场营销计划，并且能够实施和控制它的执行。市场营销的特性是永远会出现新概念、新理论、新实践和新案例。为了适应迅速变化的市场营销环境，我每三年修订一次《营销管理》。在完成《营销管理》第 10 版更新的时候，我邀请世界著名的品牌专家凯文·莱恩·凯勒教授加入，成为共同作者。写作此文时,《营销管理》出到了第 14 版，我们正在准备第 15 版。

凯文·莱恩·凯勒，达特茅斯学院教授,《营销管理》的共同作者

我最终在 1970 年完成和出版了《市场决策：建模方法》，在许多顶级商学院，它被采纳为教材。

之后，我又为需求最大的本科市场营销教学准备了《市场营销：原理与实践》( *Principles of Marketing* )，为专科学校准备了《营销概论》( *Marketing: An Introduction* )。在写作了最初的几版后，我邀请我之前的学生，北卡罗来纳大学的加里·阿姆斯特朗教授成为共同作者，他做得很棒。

加里·阿姆斯特朗，北卡罗来纳大学教授，
《市场营销：原理与实践》的共同作者

在撰写这两本书的同时，我有了一个新想法，开始琢磨如何扩展市场营销概念。

第 10 个故事

# 观察市场营销的起源和进化

说服某人做某事的想法可以一直追溯到《圣经》里亚当、夏娃和蛇的故事。蛇说服夏娃，夏娃又说服亚当去吃那个苹果，尽管它是一个禁忌。

谁是第一个市场营销者?

说服的技巧有长久的历史。古希腊伟大的演讲家德摩斯梯尼和伯里克利以他们雄辩的口才影响雅典的政策和战略。亚里士多德在雄辩术和逻辑如何应用于有说服力的演说方面发展出精彩的理论。他的理论对演讲者、作者和从事说服工作的人产生了深刻的影响。

古希腊的贸易和销售发生于阿格拉——人们聚集的集市。中世纪，城镇有市场开放日，这一天在每个社区都是重大日子。

尽管商业行为历史悠久，且“市场”这一词语是常用之词，但“市场营销”直到1905—1910年才出现在专业文献中。几个对现有经济学并不满意的制度经济学家观察到供给、需求和价格并不是影响购买和销售商品的唯一决定性因素。他们指出，需求受到价格之外因素，尤其是广告、销售人员和促销活动的影响。他们指出许多组织会参与到复杂的市场行为中，比如批发商、发行商、零售商、经纪人、代理人、广告代理人、市场研究公司以及公关公司。第一本市场营销教科书出现在20世纪初期，是由研究现实市场运作原理的经济学家撰写的。

许多公司由它们的销售部门完成销售行为。为了提升销售效率，公司时不时会雇用一些人进行市场研究，或者进行消费者调查，或是推出宣传册、发布广告。拥有上述技能的人经常被分配到销售部门。

公司是何时开始设置市场营销部门的?

后来，设立专门营销部门的想法出现在大型消费品公司，因为它们推出了不同的品牌，任命了品牌经理。品牌经理需要接触市场调研人员、广告代理人及细分市场经理，市场营销部门以这种方式诞生了。

请注意，市场营销部门是从销售部门分离出来的。它的使命是帮助销售人员在更好的市场营销研究和促销支持的情形下把产品卖得更好。最终市场营销部承担了制订市场营销计划的责任，这些计划需要在 4Ps（产品、价格、渠道、促销）上做决定。市场营销计划必须确定 4Ps，在 4Ps 中，销售、成本和利润也得到了表达。

小小的市场部和庞大的销售部时不时会发生冲突。市场营销计划会设定产品特性、价格，并为销售员设定业务指标。销售员经常会抱怨营销部门定的价格太高，或者是为他们制定的销售指标高得不切实际，甚至还会抱怨广告效果太差，宣传材料无亮点，市场调研很失败。销售和市场之间不可调和的矛盾引起了相关领导者的重视。领导者所做的第一件事就是要求市场的头儿和销售的头儿一起工作，第二件事就是要求销售人员参与到市场营销计划的制订中，这样对于销售人员来说目标和任务更容易接受。

尽管市场营销起源于快消品公司，但很快扩展到工业装备与大宗商品公司，然后是服务公司（航空公司和酒店），最后到非营利组织，比如博物馆、表演团体和社会服务组织。这些不同类型的公司形成了不同的市场营销部，以满足它们不同的需求。

整个市场营销过程可以描述为：R（Research，调研）→STP（Segmentation，Target，Position，市场细分、目标市场、市场定位）→4Ps→I（Implement，执行）→C（Control，控制）。

市场营销起源于市场调研。调研为 STP 导向。市场细分要求组织辨识市场中的不同客户群体。选择目标市场要求组织决定希望获取和服务的客户群。市场定位要为选定的目标市场提供明确的信息，这个信息将为选定的目标市场提供区别于其他市场的收益。然后，公司要为选定的细分市场分别推出 4Ps 计划，并执行计划。最后，公司收集反馈信息，以便为下一轮的目标市场服务提升 4Ps 战略。

## 第11个故事

# 市场营销范围的拓展

我工作的乐趣之一就是有机会遇到不同领域杰出的学者。我之前提到过西德尼·列维，他于1956在芝加哥大学获得博士学位。在一家社会调查公司工作不久后，他加入了西北大学凯洛格商学院。我们几乎立刻成为挚友。西德尼以专家级别的眼光观察人类行为，我们开始讨论在商业世界之外应用市场营销的可能。那是在20世纪60年代，绝大多数的市场营销学者从特定的市场获得认知，比如汽车、家电、玩具、家居装饰。

我们认为，市场营销的概念可以应用于地域（城市、区域、乡村）、人（明星）、观念（两性平等）以及信念（吃绿色食品、健身）。我们在1969年发表了一篇文章，题目为《拓展市场营销概念》。然而，某些有影响力的学者说他们不喜欢我们的定位，认为拓展市场营销的领地会导致混乱，会伤害市场营销的定义。

- 商业市场营销
- 区域市场营销
- 个人市场营销
- 社会市场营销
- 政治市场营销
- 筹款

正在形成的市场营销领域

但我们确信拓展市场营销的领地反而会让这个学科获得新生，因此我们决定就这一问题让市场营销专业的教授们投票。谢天谢地，大多数人都支持我们的观点。西德尼和我庆祝了这一令人兴奋的时刻。

但是，拓宽市场营销是否会带来新视角？4Ps理论在其他领域是否有效？这些仍然是未知的。但我们希望这一举动能够为商业市场营销引入新概念和新理论。我希望解决各种营销难题。

首先，我希望来自不同领域、此前没有接触过市场营销的人产生学习市场营销的愿望。例如，一座艺术博物馆的管理者原以为他们的工作是卖入场券和进行募捐，如果在拓宽眼界之后，能够意识到他们工作的本质是为一个好的“产品”营销，同时创造访问者的高满意度，我会非常高兴。

其次，我决定用几年的时间去寻找那些可以应用市场营销理论的新“市场”。我与我的弟弟尼尔·科特勒一起撰写了《博物馆战略与市场营销》(*Museum Strategy and Marketing*)，这本书后来成为博物馆界的经典之作。我与我的学生乔安妮·伯恩斯坦一起撰写了《只剩站票：艺术市场营销战略》(*Standing Room Only*：*Strategies for Marketing the Performing Arts*)。这两本书包含了我称之为“文化营销”的内容。我与埃尔文·雷恩、唐纳德·海德尔一起写了《地域营销：给城市、州郡和国家吸引投资、工业和旅游》(*Marketing Places: Attracting Investment, Industry and Tourism to Cities, States and Nations*)。我还和埃尔文·雷恩一起调研和撰写了《高度曝光》(*High Visibility*)，这是一本关于造星商业的书。我确信这些领域都从应用市场营销概念中受益。

最后，至于宗教，我们都清楚引入营销会招致批评。我的学生布鲁斯·瑞恩和我，还有另外两位作者共同撰写了《信众营销：选择为人们更好地服务》（*Marketing for Congregations: Choosing to Serve People More Effectively*）[下一版书名改为了《塑造强大信众》（*Building Strong Congregations*）]。我们发现通过理解信众的需求，以信仰与宗教行为触动他们，宗教组织可以吸引、留存和增长信众。我们先应用营销的 STP 原则，再设定 4Ps 的内容。这个非常有效。

将市场营销扩展到新领域是非常有挑战性的，甚至可以说就是在冒险，但我喜欢这种冒险。我的下一个兴趣点是将市场营销应用到社会问题的解决中。

## 第 12 个故事

# 社会营销领域的兴起

除了提供不断增长的商品和服务，市场营销能在提升人们生活质量的其他方面做出贡献吗？毕竟有如此多的难题令人类疲于应对：贫穷、饥饿、疾病、污染和环境恶化。营销工具和法则能帮助我们应对以上难题吗？

1971 年，杰拉尔德·萨尔特曼教授和我在西北大学凯洛格商学院身为年轻教授时就考虑过这个问题。其实在很多年前，G.D. 韦博就提出了一个有趣的问题：“为什么你不能像卖肥皂一样卖兄弟情谊？”市场营销能够被用于销售“观念”，比如兄弟情谊、和平、保持锻炼、更多地吃健康食物和拒绝毒品吗？我们想得越多，就越激动，于是决定开创一个叫作“社会营销”的领域。

一直以来，营销都被视为一种商业学科。在我早期的写作中，我曾经间接提到“社会营销”的概念，我的意思是营销者应该考虑到他们的行为对公众福利的影响。促进消费会如何影响我们有限的资源、空气和水的质量？是否应为“经济增长”设限？

萨尔特曼和我在关注一个更大的问题：市场营销是否能够用于劝说人们将有利于他们自己、家庭和朋友的行为付诸实践？我们决定暂时将这类营销活动称为社会营销，因为它是针对解决社会问题的营销。那时，我们不知道社会营销后来会与社交媒体营销混淆，现在有些社交媒体营销的从业者将社交媒体营销缩写为社会营销。

1971 年 7 月，我们在《市场营销》杂志上发表了《社会营销：一种有计划的社会变革途径》一文。这篇文章引起了广泛关注，并且获得 1971 年由阿尔法·卡帕·佩斯基金会评选的《市场营销》杂志上的最佳论文奖。对于社会营销，我有太多东西想说了，于是邀请我聪明的菲律宾博士生内德·罗伯托在 2012 年一起撰写了第一本关于社会营销的书《社会营销：提升生活质量》（*Social Marketing Improving the Quality of Life*）。社会营销思维最早的应用可见于人口膨胀问题，以及应对让一对夫妇审慎地决定要生几个孩子的挑战。“生育控制”被重命名为“家庭计划”。我们见证了印度劝说乡村家庭生育少于 6 个孩子的努力，之所以是 6 个，是因为其中平均有 3 个会夭折，且在活着的孩子中必须有一个是男孩。印度尝试了很多策略，包括晚上在村里放电影，以免他们晚上无事可做的时候去做爱，还有免费分发避孕套，或者干脆让男人做绝育手术，这样他们就连避孕套也不需要了。

《社会营销》

内德·罗伯托

其他的国家尝试了别的办法。泰国的米猜·维拉瓦亚博士致力于推广使用避孕套，推广的方式多样，比如把避孕套吹成气球，在餐厅里分发，公开排演安全性行为和防治艾滋病题材的戏剧。他以“安全套王子”著称，他让安全套在收费站、银行、旅馆等地随处可得。他甚至请泰国和尚赐福，这样，泰国人就明白用避孕套没有坏处。在随后几年里，泰国的生育率大为下降。

社会营销解决的第二个大问题是吸烟。有证据表明，吸烟更容易导致肺癌和心脏病。美国公共卫生署曾发起一项包括众多健康组织参与的公共运动来反对吸烟。不同的内容设计，瞄准不同的吸烟人群，以帮助他们少吸烟或干脆戒烟。我们相信，社会营销将有助于吸烟人群的大幅减少。

社会营销的下一个重大应用就是直面艾滋病的流行。挑战在于警告男同性恋去进行自我检测，并且避免与不认识的伙伴发生同性关系。1986 年，美国公共卫生署署长埃弗雷特·库普给每个美国家庭写信，介绍艾滋病及其危害。这项活动和其他公开活动鼓励更多的年轻人去自我检测，在发生性行为时更加小心。我很幸运在数年后见到南希·李，她在西雅图工作，是一名专业的社会营销者，为让人们生活得更美好的运动提供咨询服务。我邀请南希加入内德和我的行列，准备《社会营销》的第 2 版。在她的聪明才智和丰富经验的帮助下，《社会营销》焕然一新，现在已经是第 4 版了，是这个领域采用率最高的教材。

我们开始意识到，其他人也在从事社会营销。比尔·诺维利是专注于社会主题的波特 – 诺维利广告公司的合伙人，后来比尔担任了 AARP（美国退休人员协会）的执行总裁。比尔·史密斯和克雷格·列斐布雷也在运作社会营销运动。

我们的书吸引了更多的人进入和从事社会营销。乔治敦大学的艾伦·安德里亚森教授和其他人一起为美国疾病控制与预防中心、世界银行、联合国安排社会营销会议，社会营销这个名词开始流行起来。安德里亚森开发了一个互联网应用软件，以便社会营销者提出问题，与他人分享经验。他还著有《为社会变革营销》（*Marketing Social Change*）一书，在书中，他提出不光要开发“下游”社会营销，还要（与同行及家庭）开发“中游”社会营销及“上游”社会营销，以影响对社会行为更具冲击力的机构与组织。比如，为与日益严重的肥胖问题做斗争，社会营销者不光要劝说人们多吃健康食物，而且要劝说食品公司、餐馆和其他人减少食品和饮料中的脂肪、糖和盐，同时，学校也要提供更好的菜单。

其他的社会营销者还有英国斯特灵大学的杰拉德·赫斯廷斯教授。他对控烟活动进行了认真研究，并且正在运行一项社会营销领域最棒的培训计划。布莱顿商学院的杰夫·法兰奇教授与英国公共卫生系统合作，以社会营销为主题培训公共卫生从业人员。位于坦帕的南佛罗里达大学卡罗尔·布莱恩特教授在佛罗里达的克利尔沃特每年举行一次社会营销会议，有一次，卡罗尔问我，她可否设立社会营销的年度菲利普·科特勒奖，我同意了。迄今的 3 个奖项分别颁给了比尔·史密斯、卡罗尔·布莱恩特和南希·李。

2009 年第一次世界社会营销大会在英国的布莱顿举行，吸

菲利普·科特勒和南希·李（右）

引了 700 多名社会营销者。从那时起，其他的国际会议陆续召开，国际社会营销协会也成立了。社会营销在全世界拥有了相关出版物和组织，许多人投身其中，社会营销成了一种职业。我猜测全世界有 2 000 多名职业社会营销工作者。

南希·李和我撰写了更多通过市场营销促进社会发展的图书。它们包括：

1.《企业社会责任》(*Corporate Social Responsibility*)，菲利普·科特勒，南希·李，约翰威利父子出版公司，2005。

2.《公共部门营销》(*Marketing in the Public Sector*)，菲利普·科特勒，南希·李，沃顿商学院出版社，2006。

3.《社会营销》(*Social Marketing:Influencing Behaviors for Good*)，菲利普·科特勒，南希·李，赛奇出版公司，2008。

4.《奋起告别贫穷》(*Up and Out of Poverty*)，菲利普·科特勒，南希·李，沃顿商学院出版社，2009。

5.《公共卫生社会营销》(*Social Marketing for Public Health*)，程洪，菲利普·科特勒，南希·李，巴特莱特出版公司，2011。

6.《保护环境社会营销》(*Social Marketing to Protect the Environment*)，道格·麦肯齐莫，南希·李，韦斯利·舒尔茨，菲利普·科特勒，赛奇出版公司，2012。

7.《善事！》(*Good Works!*)，菲利普·科特勒，大卫·赫塞克尔，南希·李，约翰威利父子出版公司，2013。

我以那部《社会营销》为豪，因为社会营销自其而兴。我希望社会营销运动继续发展，继续在改善社会问题的理论和实践方面提升。

我最近在吉达发表演讲时，被邀请到沙特阿拉伯的一个有名望的家庭做客。在晚餐交谈中，主人众多兄弟中的一个说，他希望我将社会营销应用于一个“世界上最紧迫，但从来没有人研究过”的问题。“什么问题？”我问他。“科特勒教授，”他说，“你有办法有效地营销和平吗？”

第 13 个故事

# 对市场营销的批评以及市场营销的贡献

营销是一种无处不在的人类行为，每个企业、无数的个体都身在其中。尽管如此，它也招致了无尽的批评。伍迪·艾伦曾说："生活中有很多比死亡更糟糕的事情，比如你跟保险销售员共度过一夜吗？"为什么营销看起来那么让人不爽？

## 批评

第一，成千上万的品牌侵入我们的生活，想从我们的口袋掏钱，我们通常对这些品牌没有兴趣，它们也不会提升我们的幸福感。据估计，我们每天大约被暴露于 5 000 种广告之中，对于它们中的绝大部分，我们都没有注意到。当我们使用脸书、推特、谷歌和 YouTube（国外的一家视频网站）时，这些公司都在收集我们的信息，它们如此了解我们，甚至于它们可以在正确的时间和正确的地点给我们发送正确的信息，以刺激我们购买。我们讨厌失去隐私，甚至有时希望可以生活在一个没有广告的世界。

第二，夸大之辞或欺骗信息时常有之。化妆品品牌露华浓的经营者查尔斯·里夫森说得很好："在工厂，我们制造产品；在商店，我们贩卖希望。"其他的暗示有："买下这辆敞篷车，美女将如众星捧月般围绕你。"所有的药都声称会治愈所描述的疾病。每一双鞋都宣称会让你跨进人生新征程。

文斯·帕卡德是长期致力于批评市场营销的人之一，他撰写了《隐形说客》（*Hidden Persuaders*）和《攀缘社会阶梯》（*The Status Seekers*）两本书，书里有大量营销如何让人们购买了他们本来不想要的东西的故事。拉尔夫·纳德是消费者运动的奠基人之一，他撰写的《任何速度都不安全》（*Unsafe at Any Speed*）一书，揭露了汽车工业在过去设计的汽车，都缺乏安全性的事实。

第三，营销似乎忽视了由于高消费带来的潜在成本与环境破坏。过去的商业行为并没有为它们所造成的环境污染问题受罚。许多年前，蕾切尔·卡森就在《寂静的春天》（*Silent*

*Spring*）中警告过我们，我们的河流和溪水被无节制的使用、自然资源的浪费和生产行为的弱监管所污染。加之，企业通过持续升级产品谋利（批评者称之为“计划报废”），使得旧版本的产品被丢入垃圾堆与废弃垃圾为伍。随着世界消费水平的提升，它的破坏性后果可能使我们的星球不再宜居。

第四，市场营销者对于世界上 50 亿的穷人不予关注，而正是这些穷人更需要低成本的产品。穷苦的人们甚至没钱去买最便宜的洗发水。这个问题直到联合利华推出小包装洗发水才得以解决。即使如此，小包装洗发水的每毫升价格是高于常规包装的。这里的看点在于市场营销者所瞄准的赚钱之处。他们瞄准的是工人阶层、中产阶层和富人，这些人加起来构成了世界 70 亿人口中的 20 亿。

第五，营销就是为了增加消费，是通过激发人们的贪婪来实现的。营销者推进工作基于如下假设：人们的欲望无穷，作为欲望的对象，所有的东西都可以被制造和销售。结果，许多人的消费超出他们所能承担的水平，这种现象很大部分是被无孔不入的信用卡鼓动的。美国人平均的信用卡债务为 15 000 美元，更糟的是，他们承担的年利率在 15% 左右。美国社会的消费者在建立明智消费观方面是失败的。其他的社会，特别是欧洲和亚洲社会，存款和消费的比例更高。在早期的美国，深陷债务危机被认为是一种不光彩的行为，甚至是一种犯罪。而今天人们的座右铭是“先消费，后付款”。

第六，市场营销者通过使用广告和塑造品牌努力使他们的产品或服务差异化，从而隐藏绝大多数商品的天然特性。其实绝大部分的咖啡、阿司匹林没有多大的区别。广告和品牌增加了绝大多数产品的成本，有时达到10%~20%，但除改变产品的市场份额以外，并没有增加产品的种类。娜奥米·克莱恩是品牌的最大批判者，在她的《没有品牌》(*No Logo*)一书中，她提供了很多关于品牌提升成本及虚假的差异化的证据。

第七，市场营销者会贩卖消费者想要的任何东西，而不管它是否适合消费。多年以来，营销者销售香烟，无视或拒绝香烟危害健康的证据。如果不是法律规定禁止向未成年人销售香烟，营销者会令未成年人更早染上烟瘾，并且在之后的70年让他们购买香烟；会毫不犹豫地向酗酒者卖酒、向脑袋有问题的人卖枪；会利用任何有用的诱因，比如让吸烟者显得有魅力，让喝酒者显得很惬意或利用恐惧和对安全的诉求卖出更多的枪支。

我想停止列举对于市场营销更深的批评。我想强调的是，并非所有的市场营销者都如夸张的美剧《广告狂人》所表现的那么诡计百出。绝大多数公司和营销者在对产品和服务进行营销时，都体现出高度的诚实和透明。他们知道欺骗和操纵消费者会损坏他们的声誉，会令他们失去客户。

## 贡献

现在，我们来看市场营销积极的一面，也就是它的贡献。我想指出市场营销的理论和实践对社会有两大贡献。一是提升了我们的生活水准，促进了中产阶层的崛起。二是市场营销是创造就业的主要力量。如果不是市场营销让人们掏钱购物，工作机会就会减少，经济就会失去活力。苏联的工人过去常说：“他们假装给我们付工资，我们假装工作。”

第 14 个故事

# 如何进行地域营销

作为一名市场营销人士，我收到过很多咨询邀请，这些邀请不仅来自企业，还来自想达成特定市场目的的城市。一个城市可能想吸引更多的游客、会议、居民、优秀人才或是高净值人群，或想吸引工厂、公司总部或分支机构，甚或可能想发起一场新鲜的品牌运动，以帮助该地更加广为人知。

有些城市是独一无二的，以至不需要任何的推动或额外的诱惑就能吸引世界上大多数人。像罗马、巴黎、威尼斯、伦敦以及其他的一些城市就具有悠久的历史和得天独厚的自然风光。

但是，其他既没有有趣的历史又没有特别的自然风光的普通城市怎么办？这样的城市如何获得关注和资源？

说说西班牙的毕尔巴鄂吧。为了吸引更多的旅游者，毕尔巴鄂的管理者还曾经邀请我去演讲。20世纪20年代，毕尔巴鄂已经是一座非常繁荣的城市，从它的建筑品质就能看出来。但是毕尔巴鄂仍无法与马德里、巴塞罗那、托莱多、格拉纳达、塞维利亚这些大多数游客爱去的城市相比。毕尔巴鄂认为应该投资于一个昂贵的广告项目。许多人都认为广告和品牌能让一座城市从默默无闻变得闻名于世。我的想法则不一样。我告诉我的听众——600多名毕尔巴鄂的经理人和市民，广告和品牌会耗费巨资，但仍不会改变毕尔巴鄂的吸引力。毕尔巴鄂需要的是一座“埃菲尔铁塔”，某种世界上所有人都想去看看的东西。“你们有一个很棒的城市，但没有埃菲尔铁塔。”我告诉他们。我的意思是毕尔巴鄂需要一个有巨大吸引力的标志性建筑，比如一座大博物馆、剧院或是竞技场。幸运的是，毕尔巴鄂转变了思路，决定建造一座伟大的博物馆，但问题是它不像马德里的普拉多博物馆有那么多的藏品。市委会里一个聪明人说，重要的不在于拥有伟大的艺术品，而是一个看起来就很伟大的博物馆。市政委员会决定聘请获奖建筑设计师弗兰克·盖里。盖里为毕尔巴鄂建造了一座壮观的博物馆，这个博物馆本身就成了每个人都想看的艺术品。前往毕尔巴鄂的航班载满了来自世界各地的人们，他们到这里来只想一睹这座外观伟大的艺术博物馆的风采。

毕尔巴鄂古根海姆博物馆

让一座城市更具吸引力的挑战促使我和两位同事——埃尔文·雷恩、唐纳德·海德尔开始了一个研究项目。1993 年，我们出版了《地域营销：给城市、州郡、国家吸引投资、工业和旅游》。随后，我们出版了针对欧洲、亚洲和拉美的修订版本。我们敦促各个城市对它们的优缺点、机会、威胁进行战略分析，然后想象提升城市形象和吸引力的各种办法。最后，它们会发起一项足以吸引其城市的目标人群注意力的大型营销活动。

科特勒、埃尔文·雷恩及《地域营销》

任何城市提升计划不仅需要该城市强有力的代表人物的参与，更需要市民的参与。我还记得1954年任法国总理的门德斯·法兰斯敦促法国公民“笑得更多”的话，因为这样，外国人会觉得自己更受欢迎。我还记得新加坡训练其公民如何“笑得更好”，还有泰国人“超出自然的笑”。微笑营销对让游客们愿意当回头客方面大有帮助。我还想说，城市应当使用营销手段鼓励市民为营造更加干净、礼貌和安全的生活环境而努力奋斗。

第 15 个故事

# 政治营销及其进化

我常被问及怎样看待政治营销，我想说，政治营销的提法其实不新鲜了，但它正在变得越来越复杂，越来越昂贵。让我们看看在政治营销变得如此复杂和昂贵之前，它是什么样子。我们从古代雅典开始，在像德摩斯梯尼和伯里克利那样的雅典人那里，政治演讲成了一门艺术，令听众如痴如醉。演讲者或是为了选举，或是为了赞美某些政治人物，或是为了促成集体行动，比如对斯巴达开战。伟大的亚里士多德系统地总结了辩论术，后来的知名演讲者在申明某一主题时常常使用亚里士多德的辩论术。

多年以来，政治候选人使用接地气的办法讨好选民，包括亲吻小孩，出席各种茶会、咖啡会，更多的则是使用扩音器和广播车以使自己和自己的主张引起注意。

我第一次感觉到政治营销的复杂性是在麻省理工学院求学期间，那是在上伊契尔·索勒·普尔教授的政治科学课时。他开发了一个巨大的、抽样投票者的数据库，这个数据库能够为当时的民主党总统候选人约翰·肯尼迪提供数据估算，对于肯尼迪拟采取的每一个政治立场，能够估计有多少人会支持或反对。从根本上讲，每个政治家都想最大化支持他的得票数，这也是为什么候选人往往倾向于采取能够得到最多选票的立场。而就肯尼迪而言，有时他会采取一种可能失去更多选票的立场，以营造与他的性格更具一致性的画面。

在此基础上，我们能够区分政治领导人与政客。政客会采取任何立场，以获得最多的选票；愿意采取能够募得最多资金的立场；更有兴趣代表那些有能力捐更多款的人的利益，而非经严肃思考后去选择代表公共利益。如今的共和党受困于代表富人的利益，因为民主党人已经先发制人，积极响应穷人和劳工阶层的诉求。这也解释了为什么民主党人必须从公众市场尽量筹得更多的款项，即使这些钱的数额都很小。相反，共和党人从少数但富有的投票人那里获得了大额的捐助。

我的妻子和我最初遇到巴拉克·奥巴马是在一位作家斯科特·图罗的家里，离我们家就几个街区。斯科特认识奥巴马，他们都是律师，都致力于改善刑事审判系统。斯科特想帮助奥巴马筹款以竞选参议员。我们有 25 人聚在了一起，被奥巴马的才华和人情味所打动。我记得这是南希和我第一次如此热情地为一名政治候选人捐款。我们在回家的路上说，“美国需要更多像奥巴马这样的领导人”。

奥巴马赢得了参议员竞选的胜利，然后又赢得了总统选举，而且都获得了连任。他的团队出色地利用了新的社交媒体，社交媒体对于政治营销而言是革命性的力量。奥巴马和民主党显得更加亲民，他们使用脸书、推特、领英（LinkedIn, 全球性的职场社交平台）和 YouTube，与潜在投票者频繁互动。民主党非常出色地做到了从大众市场筹得小额资金，被认为更具代表性，是公共利益的代表。独立候选人没有政党支持，没有机会获胜。每个政党都要讲一个故事，说明自己如何有别于其他政党，以及如何会给广大的投票者带来好处。每位候选人都必须遵守政党制定的规则，否则在下一轮选举中，就会失去该政党的支持。因此，候选人主要是为他所在的政党利益，而不是公共利益拉选票。选举活动得以被资助，是每个候选人成功的关键。选举过程显示每个政党花的钱越来越多。有什么办法削减这些竞选经费吗？

一个解决方案是以政府的钱资助所有的候选人，不鼓励或限制任何个人投资，但这会增加演讲话题的自由度。另一个办法是将公开竞选活动和花费限制于正式选举前的两个月内，这有点像英国的做法。如今，我们看到获胜的候选人已经开始在当选后就立即为下一次选举筹款了。竞选活动变成了一项持续性的行为。第三个办法是让候选人的任期更长，比如说四年，而不是两年，这样，他们会有更多时间关注立法议题，而不是筹款事宜。

其他两个方面也需要改革。一方面是政治候选人必须首先赢得政党的初选。通常初选投票仅仅只有政党忠诚分子和意识形态狂热分子参与。一个极端的、不具代表性的候选人经常会赢得初选。在许多州，输掉初选的候选人不能参加普选。

另一个方面是“不公正地划分选区”，在觉得自己难以再当选的情况下，一个获胜的候选人可能重新设计选区，令跟他想法一样的投票者更多，或者是跟他想法不一样的投票者减少。一名民主党的胜选者发现，他的选区被重新设计后，共和党的投票者变多了，然后他在下次选举中落败了。

第 16 个故事

# 博物馆的世界

人们几乎可以在所有稍具规模的城市找到博物馆。它可能是展示城市历史的博物馆，或者在大一点的城市里，它是艺术博物馆、科学博物馆又或是自然历史博物馆。它可以是一座门庭若市的大博物馆，也可以是一处有众多收藏品但门可罗雀的幽静之所。

我生于芝加哥，一个拥有众多博物馆的城市。那里有一些世界上最棒的博物馆，包括芝加哥艺术博物馆、菲尔德自然史博物馆、阿德勒天文博物馆、谢德水族馆、科学与工业博物馆。甚至它还有很多专门的艺术博物馆，如墨西哥艺术国立博物馆、当代艺术博物馆、美国波兰博物馆、巴尔扎卡斯立陶宛文化博物馆。

这些博物馆对芝加哥文化传承做出了卓越的贡献，对于了解我们自己和树立芝加哥在世界的形象也颇有帮助。这些博物馆，与我们的学校、图书馆、当地的报纸一起，担当了丰富我们的知识和树立我们的世界观的主要角色。

博物馆发轫于收藏、保护和展出具有历史或艺术趣味的物品。这些物品被放在防卫良好的建筑里的台子上或保护罩里展出，以供参观者观看、凭吊和沉思。纽约大都会博物馆的前馆长菲利佩·蒙特贝洛认为，博物馆与物品相关，人们到博物馆主要是为了欣赏藏品，所有其他到访博物馆的原因都是第二位的。

如今，许多博物馆馆长对于博物馆要干什么有更宽阔的视野。许多博物馆增加了音乐和娱乐项目，以吸引更多年轻人，比如举办单身之夜和主场之夜。除了咖啡吧，博物馆还增加了高级餐馆，且贡献空间给孩子们玩耍和体验艺术。他们想为参观者提供观看物品之外的不同体验。

这些年来，许多博物馆馆长来找我，问如何才能吸引更多的参观者，门票应该定价多少，如何才能吸引更多的捐款、获得更多的捐赠品，如何证明博物馆有助于城市的经济发展等问题。我认识到，博物馆馆长必须有几项市场技能：吸引这个城市的参观者、捐赠者、有才华的馆员以及各种支持的能力。有几年，我投身于盖蒂博物馆项目，该项目选拔希望获取商业技能、有才华的管理者，他们中的某些人可能成为博物馆的馆长。

作为参与博物馆事业的成果，我和我的弟弟尼尔·科特勒出版了《博物馆战略与营销》一书。这本书很成功，我在参观博物馆时，经常会在馆长或管理者的桌上看到。新的数字媒体兴起后，我们修订了这本书，出版了第 2 版，合著者增加了尼尔的妻子——温迪·科特勒。

《博物馆战略与营销》

尼尔·科特勒

然而，我从未想过会参与建造一座博物馆，但这就是我博物馆之旅的下一站。我的好朋友兼合著者，来自印度尼西亚的何麻温·卡塔加雅，拥有一间名为 MarkPlus 的印度尼西亚最大的市场调查、培训、咨询公司。我们在巴厘岛偶遇 3 名巴厘王子，他们在自己的领地上建造了两个艺术博物馆。王子们对于我们的营销工作非常感兴趣。我们向他们建议，巴厘岛可以成为世界上第一座营销博物馆的所在地。在伦敦的诺丁山有一座

科特勒与何麻温·卡塔加雅（右）

品牌、包装与广告博物馆，但我们的营销博物馆的概念要广阔得多。王子们很高兴地支持了这个想法。我们雇用了一个建筑设计公司，没几年，一座美丽的两层博物馆就在巴厘岛的乌布开张了。

走进博物馆，你穿过的第一个单元属于伟大的商业营销者，包括史蒂夫·乔布斯、理查德·布兰森、安妮塔·罗迪克、赫布·凯勒等，你可以读他们的故事。然后你会看到世界上最以客为尊的公司和组织，包括格莱珉银行、三星公司、梅奥诊所。而后，你会进入一个礼堂，看到世界上最伟大的广告，包括可口可乐的《我想教世界唱首歌》、苹果的《1984》、博诺的《红》项目。这个博物馆还拥有用于休憩的空间、参考书图书馆以及知识渊博的员工。

博物馆就像是活着的生物体。它们必须成长、进化，以迎合不断变化的需要和观众们不断变换的口味，并且变得与它们所在的社区紧密相关。我们希望到访我们“市场营销 3.0”博物馆的巴厘岛居民和参观者，对于市场营销的力量获得新的认知，能够扩展想象，满足新需求和新希望。我被印度尼西亚政府授予了荣誉——我被印在了邮票上。

印度尼西亚为纪念科特勒而发行的邮票

2007 年，我被任命为印度尼西亚特别旅游大使。2011 年 5 月，巴厘岛登巴萨市授予我“登巴萨荣誉市民”称号。

## 第 17 个故事

# 表演艺术的世界

我常常想，如果没有乐团、歌剧、芭蕾舞、剧院和现场表演，一个超级城市或一个国家就意味着巨大的、珍贵的文化娱乐行业的缺失。

当然，人们仍然能够通过播放视频来欣赏表演和音乐，而且这种享受随处可得。但以这种方式欣赏艺术的人，不会经历上车、开车、找停车位、排队进剧院、找位置、不巧遇到一个高个儿坐在正前方挡住你的视线、等待间歇加入洗手间排队长龙，观看下半场、鼓掌致谢、排队找到自己的车、开车回家、准备上床睡觉，结束 4 个小时的欢乐与不爽的整个过程。

然而，不计其数的人仍然坚持选择观看现场表演。尽管他们可以待在家里，播放莎士比亚的 DVD（高密度数字视频光盘），观看约翰·吉尔古德演的哈姆雷特，两小时后煮上一杯咖啡，但成千上万的人认为这种经历与观看现场的《哈姆雷特》不一样。他们想观看真实的东西，而不是一件复制品。

复制品最终会取代真实的东西吗？现代的技术和互联网能够毫不费力地为你送上任何你想看、想听的东西的复制品。虚拟现实经历就够了吗，就令人满意吗？如果更多的人满足于虚拟现实，那么最终它就会毁灭表演艺术。复制技术的发展并非表演艺术脖子上的唯一绞索。另一个是经济因素。现场表演的成本非常高，所以现场观看也昂贵：租用演出大厅必须付费；必须通过试镜来找到合适的人演合适的角色；表演者们，比如音乐人、舞者、演员，必须花费大量的时间来练习他们的角色；营销人员必须做好准备、发布关于演出的消息，以吸引足够多的观众以不菲的价格购票，填满剧院的座位。

表演艺术的高成本不能通过提高生产效率来解决，正如把贝多芬的第五交响曲演奏得快一点或慢一点都是不行的。缩小乐团的规模可能会影响观众体验。减少乐团成员的工资也不行，因为他们的报酬本就不高。总的来说，在服务行业，提高效率比在实体商品行业难多了。

还有一个因素是，销售受限于演出场地的大小。一个成功的剧目可能不得不拒绝一些观众，或者是请他们坐到另一个房间观看或倾听传送过来的版本。但这样他们就看不到真人表演，跟欣赏复制品没什么两样。所有的生产成本无法从票价中摊平，除非将票价定到高到无人购买的地步。如果演出的收入来源仅仅是门票的话，一场歌剧票需要定价为 500 美元，这高于所有人的心理价位。美国的票价仅为 150 美元的原因，在于剩余的部分由慷慨者捐赠了。在一些国家，表演艺术得到了政府的大力支持。

未来还有足够多的人愿意为真实体验而不是复制品买单吗？这是现场表演艺术需要面对的生死存亡的问题。我们知道，不同的表演艺术有它们不同的流行圈子。现场戏剧的上座率可能会上升，而现场音乐的上座率会下降。这件事情在不同的国家表现也不一样。东京有 7 个交响乐团，所有的乐团都成功吸引了大规模的听众。与美国相比，在欧洲和俄罗斯，美术是人们生活中更重要的部分。在某些美国城市，芭蕾舞很受欢迎，而在其他的城市，支持者寥寥，甚至根本没有。在美国，芭蕾舞和歌剧通常需要规模大的城市才足以支撑。

我们知道表演艺术一般是由年龄超过 50 岁的人群赞助的，不是由年轻人或有幼儿的家庭赞助的。下一代的年龄过 50 岁的人群会像这一代一样支持现场表演艺术吗？当今的市场营销者有办法扩大受众群吗？我一直对这些问题很着迷。我与我的学生乔安妮 · 舍夫 · 伯恩斯坦研究了表演艺术，并且将我们的发现写在《只剩站票》这本书里。我们审视了一系列的问题，包括票价、订票程序、募资、打造表演艺术公司的品牌、推广表演艺术、应该聚焦于传统还是新的音乐和戏剧、如何吸引年轻人观看现场表演艺术等。

乔安妮·舍夫·伯恩斯坦

《只剩站票》

我们的主要结论是，那些现场表演活动的运营人员需要具备所有管理和市场营销的本领，以传播优秀剧目、卖光门票、吸引捐赠、跟政府部门交朋友等。如果他们失败了，我们所有的人都将遭受损失。

## 第18个故事

# 宗教的世界

随着营销领域的扩展，它也逐步应用于非营利性组织，比如医院、社会服务组织、博物馆、表演艺术机构。我开始收到各种宗教领袖的询问：市场营销是否能够帮助他们增加信众人数，或者至少是阻止信众人群下降？我一直对宗教很感兴趣，它是一种能够将人们聚集起来追求美好生活的力量，它是道德与精神的行为规范。因此我决定与我的学生布鲁斯·威伦一起研究市场营销如何帮助信众人数和礼拜堂的“客户”的“留存和增长”。

但就是这样的一个词语也招致了很多宗教领袖的反感。他们有多保守、多传统，就有多讨厌将市场营销和商业思想应用于他们的宗教。但我们坚持了我们的想法。我们听说华盛顿特区的一家教堂——西长老会教堂的信众在流失，他们求助于一家专门从事教堂咨询的公司阿尔班研究所，研究所给教堂看了人口统计学报告，建议他们聚焦于有孩子的家庭，调整了布道内容，这使来教堂的人数翻了倍。

我们进行了实地调查，最后将我们的研究成果呈现在《信众营销》一书中（这本书还有另两位作者，诺曼·肖查克和古斯塔夫拉斯）。后来，诺曼、布鲁斯·威伦和我又出了这本书的更新版本，取名《塑造强大信众》。

《塑造强大信众》

布鲁斯·威伦

我们认识到，宗教组织正面临一系列的挑战：一是从实用性和受益性的角度，世俗化给宗教的意义和价值提出了新问题；二是市场化为媒体、商品和服务所扮演的角色，以及它们能够和应该传递什么，带来了新思路；三是广播、电视和互联网在与当地教堂竞争，甚至提供虚拟的教堂服务；四是宗教领袖需要面对一系列的社会问题，包括离婚、跨国婚姻、无子夫妇、同性婚姻、跨语言和跨文化的信众人群、人口迁移以及日趋稀缺的财务资源等；五是文化多样的新移民群体进入美国，比如佛教徒、穆斯林或科普特基督教会等；六是区别于组织化、官僚化的教派，独立、无组织的巨大教堂开始流行。

伴随着这些发展变化，教堂也在不断地适应和调整。在圣弗朗西斯科，最大的清真寺采取了富有争议的行动——拆除了分开男女礼拜者的高达8英尺[①]的墙。有些男女教徒离开了这个清真寺，来到了继续维持男女分开礼拜的清真寺。在纽约，一群犹太教信众提供了包括太极、健走、瑜伽、独角喜剧在内的安息日活动，以庆祝安息日。

在与信众领袖交流的过程中，我们的办法是展示各种不同的动机是如何影响“留存和增长”某个信众群体的。一座教堂不可能满足所有打算入教者的需要。教堂必须谨慎定义他们信众的目标市场，了解信众的需要和期待是来自崇拜、社交抑或社区服务。我们使用营销术语，问信众领袖：“你的产品是什么

---

① 1英尺≈0.3米。——编者注

（产品）？它们的收益和成本是多少（价格）？它们在什么时间和什么地点被送达（渠道）？你如何促销（促销）？”即4Ps，它可以应用于任何想要“吸引、保留和增长”客户的组织。

我们一再强调新来访者的第一印象是非常重要的。他们被一一致以欢迎了吗？有没有跟踪调查，询问他们对于服务的感受以及他们的好或不好的印象？在提升教堂服务方面，即使一点点的准备和调研也大有帮助。我们的目的是分享来自不断成长中的服务营销研究所提供的精彩思想。

但我们不考虑将市场营销应用于另一个更加敏感的问题，即“如何营销一种宗教信仰以抗衡另一种宗教信仰”，因为宗教冲突有一个漫长的历史。有些宗教非常积极地传教或是派遣传教团到其他国家。摩门教教堂积极计划吸收新的皈依者。在某种意义上，大部分宗教的不断发展正是因为其满足了人们内心深处的某种需要，并且提供了一整套的信仰满足他们以换取皈依。有一位作者曾经说过，“《圣经》是世界上最伟大的市场营销文本”。

我的兴趣是了解不同的宗教如何能和平共处。没有证据显示一种宗教高于另一种宗教。每个宗教都应该对其他宗教信众的虔诚给予足够的尊重。

## 第19个故事

# 寻求改变

许多人一生都是最开始的那个样子。他们如果开心，就不想要改变。他们如果不开心，就可能去看心理医生、寻找刺激或是找伙伴。他们也可以通过努力减肥，吃素或是做整形手术，也可以通过旅行、换工作、换配偶或者是其他行动来获得让自己更加满意的人生。

我对于那些竭力想改变自己的人很感兴趣。他们如此努力想要成为一个更好的自己。他们寻找的不仅是一些新的体验，而且是“转变”。这是可能的，想想托尔斯泰伯爵，他从军官变成著名的作家，又变成无政府主义的道德思想家和社会改革家。托尔斯泰发现，“每个人都想要改变世界，但没有想过要改变自己”。

列夫·托尔斯泰伯爵

我曾加入一项名为埃哈德研讨训练的人文主义运动。维尔纳·埃哈德是一个英俊的、克里斯玛型[①]的人文主义领导者，他运营一个项目，这个项目需要两个周末完成，有300人参加，大部分人是为了寻求某种改变，而不单是获得某种体验。他们进行一系列的自我探索练习及人际互动，以便开启新的可能性和新思想的心智。他们会举手发言，分享个人的不安经历，然后其他人会讨论类似的经历，以表示这样的经历并没有什么不

① 克里斯玛型领袖，这个概念最早由德国著名社会学家马克思·韦伯引入政治学领域，特指一种神奇的近乎天赋的领袖魅力。——编者注

同寻常。第一个周末的目标是打破每个人当前的人格，第二个周末的目标是让他们拥有新思想和新愿望，即重建人格。90%的参加者反映这两个周末是他们人生中的一个巨大转折点。在活动后，有些人的人生彻底改变了，换了工作，改善了关系，或者克服了其他困扰他们的东西。

维尔纳·埃哈德

另一个转变的践行者来自山达基教会。人们在经历一系列的课程和体验后变得更加豁达。通过分享经验与他人结成契约，他们受到了洗礼。这个运动有些神秘，现在我还不清楚它是如何被认定是一个教会，并享受非营利的特权的。它的信众中有两个著名的演员：约翰·特拉沃尔塔和汤姆·克鲁斯。尽管这个运动遭到了很多人的批评，但它确实能代表一种转变的历程。它强于周末随大溜、不走心地去普通的教堂。

还有一种转变经验发生于静修所。在圣弗朗西斯科，有一位我熟识的大学教授正处于离婚困扰中，一天，他跌跌撞撞地走进了临街的一间静修所，听大师的布道。后来他经常去听，觉得人生有了新目标。然后他决定请一年的假，暂时离开学校去印度，因为那家静修所的总部在那。他生活在一种新的充盈状态中，计划不再返回学校。但快到年底的时候，他的大师提示他："是时候回大学里去了。"我的朋友刚开始拒绝了，说他愿意在静修所度过余生。大师说："跟待在这里比，当教授你能做出的贡献要多得多。"最后，他返回了学校，但内心依旧矛盾，不过，他的讲座成为学校里最受欢迎的讲座之一，毫无疑问这得益于他的印度之旅。我还不清楚，他到底是全部转变了，还是只是部分地转变了。

成为神职人员是一种更加彻底的转变。在宗教世界里，成为神父或修女比成为牧师或拉比要极端得多。神父和修女都不能结婚，必须宣誓过一种截然不同的生活，这本身就是一种彻底的转变。有些人也会后悔，又回到了之前的生活中。

也许最极端的转变是出家为僧，放弃全部世俗的价值观。我的一个中国朋友 40 多岁，出生于富有家庭，一直过得非常顺利，直到有一天他发觉自己好像失去了什么。他开始认真地学佛，然后在一个寺庙修行了一个月。我见到他的时候，他说他生命中的许多事情已经改变了。他在认真地考虑皈依佛门，放弃世俗生活。

几乎没有人被迫去寻找一种崭新的生活，但我一直想念那些“告别旧我，创造新我”的友人。

## 第 20 个故事

# 拜访现代管理学之父彼得·德鲁克

电话的另一头，一个男人正操着带有德国口音的英语跟我说话。我聚精会神地听着，他说："我是彼得·德鲁克。"我喜出望外，但竭力保持平静。我认真读过他很多充满洞见的书，非常尊敬他，尽管我从未见过他。来自彼得·德鲁克的电话，对我来说，比来自美国总统的电话还重要。他问我："你愿意来克莱蒙特跟我一起聊些不一样的事情吗？"当然！第二天一早，我就跳上了第一班飞机。那是 20 世纪 80 年代后半叶某一天的一个下午。

德鲁克不光是现代管理学之父，他还是现代营销学的主要开拓者。四十年来，德鲁克一再向管理者们解释，公司的核心在于客户。公司的一切都必须围绕迎合和满足客户的需要。创造客户价值是市场营销的核心。

彼得·德鲁克（1909—2005 年）

我受到德鲁克提出的 4 个问题的影响：

> 你的公司主要业务是什么？
>
> 你的客户是谁？
>
> 你的客户从哪里找寻价值？
>
> 你应该为你的主要业务做些什么？

每次德鲁克与宝洁、英特尔这些公司的首席执行官（CEO）见面时，他都会问这些问题。首席执行官们证实，当他们努力回答这些问题的时候，他们才得以顿悟。我对向我咨询的许多公司也提出了类似的问题。

德鲁克的书中以及他的评论中充满了关于市场和客户的格言。我想引用某些格言，并且评论它们的含义。

比如，他说，“公司的目的是创造顾客”。这种观点与那时大多数经理人的观点不同，那时经理人认为公司的目的是创造利润。德鲁克认为，经理人的观点是空洞无物的理论，他们忽视了创造利润的来源。有了顾客才能有利润。为了吸引顾客，一家企业必须比另一家企业提供更高的价值，因为利润的唯一来源就是顾客。

德鲁克还说，“企业只有两种基本的功能——创新和营销，其他的都是成本”。在明白企业所有的功能都是必需的，并且都在发挥作用的同时，他挑出了这两个功能。创新意味着在技术和客户口味发生变化的时候，企业不能无动于衷。另外，如果想让客户了解产品、产品特性、价格、位置，并且尊重企业所提供的产品或服务，营销就必须强大。而且创新与营销必须都强大，企业才能成功，若只有一项强大，企业也不可能成功。

他澄清了营销与销售之间的区别。他的格言“营销的目的是让销售无关紧要”让经理人瞠目结舌。他认为深刻了解客户需求，创造让顾客排队购买而无须进行任何促销的产品非常重要。

德鲁克批评那些不顾客户需求的公司，这些公司会先造一辆车，然后再决定把车卖给谁，再想如何描述这辆车。对于企业来说，更重要的是，首先对于目标客户要有一个全面的概念，然后是明确产品的目的，最后才是设计一款车以迎合和满足目标客户的需求。

回到德鲁克的电话。我飞到加利福尼亚州的克莱蒙特去见他。他去机场接我，然后我们直接去了他所任教的克莱蒙特研究生院。学校给了德鲁克一间私人美术室，用来储藏他的日本屏风和立轴书画藏品。

德鲁克一一打开和展示立轴书画。我们欣赏并谈论每件作品的艺术性。时间过得飞快。我们都认为，日本人习惯用一种截然不同的方式来阐释和评价艺术。他们喜欢寂静之美——一件艺术品可能拥有的安静的特性。他们喜欢黯然之美，一件艺术品总有经历了历史的感觉。日本的美有别于西方标准。然后德鲁克和我离开美术室，来到附近的一家饭馆。

后来，德鲁克邀请我去他家。我见到了他的妻子多丽丝。多丽丝是名物理学家，并且直到她 90 岁高龄的时候，仍然是一名出色的网球手。她以一个微笑迎接我。我惊诧于他们家的朴素。更令人惊奇的是，德鲁克就是在这个不那么辉煌的客厅迎接那些世界知名公司的首席执行官的。对于德鲁克和多丽丝来说，他们根本也没有必要炫耀。

那天晚上，德鲁克把我带到了他家旁边的录音室。和我一样，德鲁克也在进行非营利组织的研究。在安静的录音室，他请我发言："市场营销如何才能帮助非营利组织提升表现力。"

德鲁克的问题跨越不同的领域，令人兴奋。他对于博物馆和管弦乐团的提问激发我对文化组织进行更多的研究。德鲁克将我们的克莱蒙特非营利组织讨论内容总结于 1990 年出版的《管理非营利组织》一书中。

1990 年，致力于非营利组织管理的彼得·德鲁克基金会成立，当时我被邀请担任顾问委员会成员。这家基金会的宗旨在于帮助非政府组织向其他的非政府组织、经理人和学者学习，以实现自我提升。我出席了几次委员会的年会，并且发表演讲，主题是非营利组织如何能够为解决社会问题提出令人激动、有创造性的解决方案。

德鲁克和我时不时地有书信往来。给我留下深刻印象的是德鲁克总是手写信件。他既不用打字机，也不用个人电脑。当然，在其他的场合，他会使用这些设备，但在给我写信的时候，从不使用。

彼得·德鲁克基金会目前在领导力学院的名义下运营。最开始，德鲁克不同意用他的名字设立基金会，最后同意了，条件是几年后他的名字要拿掉。他朴素的性格在类似的小事中得以体现。

和德鲁克在一起时，我深深佩服他丰富广博的历史知识及其对于未来的深刻洞见。我难以想象他是如何在如此广泛的领域获得知识的。我认为他是极其少见的文艺复兴式的人物，是我乐于结识的最杰出的人物之一。

## 第21个故事

# 我的咨询经历和董事会会议经历

大部分市场营销教授，尤其是写过几本书的，都免不了与需要咨询的企业联系。咨询业务令他们在教学经验和经济上更加富足。就我而言，我为银行（美洲银行）、汽车公司（福特、现代、起亚）、制药公司（默克、强生、礼来）、快消品公司（联合利华、苹果）、B2B 公司（IBM[①]、通用电气、霍尼韦尔）以及其他类型的公司提供咨询。

我也作为市场专家被许多法律公司邀请做证，这些公司的管理者认为我写的关于市场营销的书使我可以成为一个理想的证人。但很久以前，我就决定不再作为“市场专家”接受邀请。它们会打乱我的时间表，因为法律案件经常会延迟或更改

① IBM，即国际商业机器公司，成立于 1911 年，是全球性的信息技术和业务解决方案公司。——编者注

时间。而且当过证人的人都知道，反方律师会尽其所能，使出卑劣手段以毁坏证人的信用和证词。

我也曾被邀请加入一些公司的董事会。我的确加入了一些董事会。总的来说，我发现董事会会议在我不怎么感兴趣的事情上花了大量时间，而且，如果董事会的其他成员对管理行为没有足够警觉的话，我总是不得不做各种责任声明。董事会的风格在两种极端间摇摆，一种是橡皮图章式的董事会，董事会的成员因为与管理层熟识而被挑选出来，他们一般很少提问，却能享受报酬和额外收入；另一种董事会由高度独立的成员组成，他们严肃地履行责任，提出许多问题，并提供有趣的主意和建议。

大部分董事会里既有橡皮图章也有独立思考者。董事会可能做错什么？最好的一个案例来自通用汽车董事会在那些得意扬扬的日子里的所作所为。董事会并没有人挑战通用的战略，除了新加入董事会的罗斯·佩罗。佩罗的电子数据系统公司于1984年被通用并购，佩罗从而加入通用的董事会。他提出了很尖锐的问题，在董事会上公开表示通用汽车不再制造伟大的汽车。他抱怨通用汽车的执行官们缺乏主动精神，有严重的官僚作风，不喜欢与客户、经销商和工人联系。他觉得他的角色是教“大象跳舞”。

罗斯·佩罗

其他的董事会成员没有说什么，也没有加入佩罗批评通用汽车政策和策略的行列。高层觉得佩罗太信口开河了，要求他辞职，并且不许他在公开场合发表批评言论，否则就要罚他一大笔钱。佩罗不是一个能被吓倒的人，他退出了通用汽车董事会，随即在 1988 年接受了《福布斯》作者托马斯·莫尔的访谈，表示如果由他管理通用汽车，他将会辞掉绝大部分的高层。

我接触过的最佳董事会是一家《财富》500 强公司。我为首席执行官提供咨询，主题是公司如何导入"以客户为中心"的思想。首席执行官邀请我列席董事会，旁听为期两天的董事会会议。这次董事会会议由三个有巨大吸引力的部分组成。

第一部分是听取三家客户公司对该公司服务和设备的看法。我记得有一个来自杜邦的高级经理抱怨想找到该公司对的人是多么困难。听到这个后，公司首席执行官真诚致歉，并且强调他的公司正在努力为客户提供完美的服务。“这就是你在这儿的原因，”他对杜邦的经理说，“你来就是帮我们提升服务的。”

第二部分是由三名分支机构的负责人讲他们对于总部赋予分支机构权力的感受。来自芝加哥分支机构的、德高望重的负责人说，他需要在雇用人力方面有更大的自由，以提升他所在机构的利润。总部同意他雇用两名新的会计，但他想招两名营销人员。他在董事会上说：“让我自由地雇用我认为合适的人来管理这个分部，而不是给我你们认为我需要的人。我对绩效和预算都有过承诺，我应该在雇用谁上面有自由决定权，因为我对结果负责。”首席执行官听完后，表示同意分部负责人在分部该雇用什么样的人上面有更大的话语权。

第三部分非常神奇。首席执行官邀请了一个“竞争者”来跟董事会讲，他会采用何种策略抢占该公司的市场份额。这个“竞争者”瞪着董事会成员，开始了他的宣言：“我们 Sun 公司的目标是把你们公司干掉。”然后，他接着说他的公司将会专注提升设备，因为打造网络就是未来。

这次董事会会议显示，公司董事会至少需要倾听三种声音：①邀请一些主要客户来反馈公司表现如何；② 邀请公司分部来讲总部的运作机制如何；③邀请竞争者从对手的立场来讲他们计划如何展开进攻。

## 第22个故事

# 在增长乏力的年代实现企业成长

始于2007年的金融危机导致整个世界经济进入了低增长年代。美国的经济增长率下降到非常低的水平，包括希腊、葡萄牙、西班牙和意大利在内的欧洲国家经济甚至出现了负增长。与此同时，几个亚洲国家，包括中国、印度尼西亚、印度、马来西亚却依然维持5%~8%的经济增长率。

每个低增长的上市公司都面临获得更快增长和更多利润的压力。我们也知道，在过去为一个公司带来成功的战略，现在则不一定能带来成功。是时候设计一个新战略了。

我们不认为一家处于低增长经济体内的企业就要认命，去接受低增长的现实。我们相信那些具有洞察力和愿景的公司能够在一番探索之后，发现等待他们去开拓的机会。

出于对增长的兴趣，米尔顿和我提出了能为企业创造机会的8条战略路径，以帮助企业提升收入和利润。我们并没有发明什么新的办法，但我们发现这8条是最能给企业带来希望的。每个办法都能写成一本书，但我们想在一本书里指出这8条路径。我们最近出版了这本关于8个战略路径的书——《逆势增长》。经理人可以读这本书，我相信会大有裨益。

《逆势增长》

米尔顿·科特勒

在列举这8条路径之前，我应该描述低增长企业所面临的共同问题。低增长企业的最高管理层往往热衷于讨好股东，经常为下一年度设立一个冒进的目标。问题是公司的要素和当前

米尔顿（左）和菲利普

的市场趋势是否有足够的潜力去负担激进的增长目标。如果不能，就必须采取新的举措来填补“增长的鸿沟”。新的举措可以包括推出新产品，拓展新市场、新的细分市场或是新的布局。我们的任务是鉴别这些新举措，衡量它们的回报和风险，采取足够多的举措以填补增长鸿沟，并且避免冒过多的风险。

以下就是促进企业增长的 8 条战略途径：

（1）打造自己的市场份额。

（2）找到忠诚的客户和股东。

（3）打造强有力的品牌。

（4）创造新产品、新服务和新体验。

（5）进行国际扩张。

（6）考虑并购及联盟。

（7）在承担社会责任方面打造声誉。

（8）与政府和非政府组织结成伙伴关系。

假设你们公司通过提升产品的实用价值来提高价格，在占有市场份额方面做得很棒，但在新的低增长环境中，客户会更关注价格，而不是实用价值，因此策略（1）可能就失效了。

于是，是时候考虑其他7种策略中的一个或几个了。也许过去公司只顾自身发展，所以没有考虑过并购，但现在可能出现了许多有吸引力的并购机会，你就要考虑并购了。或者设想一下，你的公司因为国内市场做得很棒，所以从来没有进入国外市场，是不是该考虑将你们的产品投入高增长市场了，比如说中国？

作为一个经理人，你要知道这8条战略路径的关键点在哪儿，陷阱在哪儿。如果你是第一次进行并购，那就有好多要提防的。《逆势增长》一书中，我们在并购那一章列举了并购的优点和风险，并且提出几个需要考虑的问题。在书中我们还讲了为跨越增长鸿沟而采取的这 8 条战略路径所要考虑到的问题。如果你转向国际扩张，有另外一组完全不同的问题需要衡量。我们把 8 条填补增长鸿沟的路径所引发的思考全放在了这本书里。

尽管执行非常重要，但如果选择了错误的战略路径，执行就会变得没有价值。

## 第23个故事

# 管理非营利组织

我的母亲贝蒂·科特勒在50多岁的时候，决定成为当地医院的一名志愿者。医院经理把她分配到医院的礼品商店工作。在接下来的30年里，她一直在那儿工作，每天会有病人、探视者、医生、护士来买花、糖、报纸及其他各种各样的东西。

我注意到她为了一个美好的愿景，不计报酬，投身于志愿事业后有多么满足。这家医院是一家非营利性的医院。它令我大开眼界，让我了解到志愿行为以及数量巨大的非营利组织，包括学校、学院、博物馆、剧院、教堂，还有慈善和社会福利组织，包括童子军、基督教青年会，以及健康和社区组织，包括美国癌症学会、美国心脏协会等。这些组织填补了营利性的私人公司和庞大的政府组织之间的空白，它们至关重要又独立存在。

贝蒂·科特勒

我过去以为政府应该做所有社会需要、但私人企业不愿意做的事情。实际上，欧洲确实是这样，这种情形多于美国，因为欧洲政府的税收很高，足以提供免费医疗、教育以及其他在美国需要非营利组织做的工作。

20 世纪 70 年代，我开始为许多非营利组织提供咨询服务，问题包括定价、服务设计及向政府、商业公司和个人捐助者筹款。作为一个营销人，我建议他们采取商业的眼光看待他们的运营。然后，我意识到问题所在，运营这些组织的人会说，他们的工作不是商业活动。商业在他们的意识中，好像是一个很脏的字眼。还有几个人说，他们之所以选择在非营利组织做善事，是因为不想从事商业活动，一想到要从事营销、采购、账务以及其他的商业工作，他们就不想干了。

尽管如此，我的目标是让非营利组织理解和接受商业思想。这些非营利组织需要商业计划和工具，以获得好结果。1975年，我写了市面上第一批关于非营利组织的教科书，《非营利组织营销》（*Marketing for Nonprofit Organizations*）。那时，非营利组织这个词用得还不是很广泛。每类非营利组织——医院、学校、教堂，都认为自己在一个区分于商业的世界中运营。我的书继续优化，在 1982 年出了一个新版本。随后，我邀请乔治敦大学的艾伦·安德里亚森教授和我一起，作为联合作者，写作后续的版本。如今这本书已经出到第 7 版了。

《非营利组织营销》第 2 版，1982 年

我记得与彼得·德鲁克谈论非营利组织的情形，那时他正在撰写《非营利组织管理》，这本书后来在1990年出版。德鲁克是这个领域的超级粉丝，他写了医院、教堂、管弦乐团和其他类型的非营利性组织。他把管弦乐团作为一个典范，展示所有的组织应该如何运行——由指挥来排练和领导乐团。每个演奏者都了解他的乐器，知道如何演奏他的曲目，以及如何与他人协作，最后美妙的音乐就呈现出来了。

1982年左右，我意识到，《非营利组织营销》用于向管理学学生介绍如何在非营利组织中使用市场营销已经够用了，但这本书没有深入到特定的非营利组织类型。每种非营利组织都有一个独特的使命和不同的特点。这些不同的类型不可能在一本书里描述殆尽。因此我决定用较长的时间致力于研究主要的非营利组织类型，并且每个领域出一本书。从1985年开始，我在下列6个领域出版了不同的图书。

1. 学校和大学：《教育机构营销战略》（*Strategic Marketing for Educational Institutions*）

2. 健康：《卫生保健组织营销》（*Health Care Organization Marketing*），《卫生保健组织战略营销》（*Strategic Marketing of Health Care Organizations*），《公共卫生社会营销》

（*Public Health Social Marketing*）

3. 社会与慈善组织：《社会市场营销：改变公共行为战略》《社会市场营销：提升生命质量》《奋起走出贫穷》《保护环境社会营销》《善事！》

4. 宗教组织：《信众营销》

5. 演艺组织：《只剩站票》

6. 博物馆：《博物馆战略与营销》

在多年愉快地研究不同类型的非营利组织之后，我意识到我忽视了一个巨大的部门——第三部门，也就是政府。政府部门需要训练它们的人员成为“公仆”，公仆的工作是生产“满意的公民”。很多国家、地区、州和城市的政府缺乏让政府服务更加方便易用的哲学。政府营销成了我下一个研究兴趣所在。

第24个故事

# 提升政府表现

我对于以营销提升城市、州和国家的政府服务水平非常感兴趣。我记得几年前走进芝加哥市车管局去办理驾照审核的事，我需要通过一个驾驶考试。一名车管局的职员坐在旁边监考，以证明被考核人能安全驾驶。当时有200多人在排队，我意识到，为了这个考试我要在这等一整天。跟政府机构打交道，等待是必需的，我上次领新护照也是如此。有一次，为了跟税务局讨论报税的问题，我跟他们约了几个星期才约上。

每次我都在想，如果政府组织也实行企业化运营，就不可能出现这么差的服务。政府的问题在于，每个部门都是垄断的，你又不得不需要它的服务。政府的公务员训练不佳，且很多部门没钱雇用足够多的职员。

我想，如果让政府公务员受到更好的训练，并有足够的资源，我们会得到更好的服务。除此之外，我们必须传递给他们“以客户为中心”的意识并对他们进行“商业训练”，他们才能设立更高的服务标准，收集顾客对他们服务满意度的信息。

从某种程度上，我不应该抱怨，因为政府服务在其他的国家可能更糟糕。更坏的情况是，在某些国家，政府职员不会为你服务，除非他们收到贿赂。公民们除了缴税之外，还必须支付额外的钱去获得那些他们本应从政府得到的免费服务。

大部分政府部门丧失的另一个东西是创新能力。在信息时代，有太多的工作流程可以改进。我在换车牌这件事上见证了这一点。过去，车管局每年会发一张表格，车主需要填上相关信息，并且在回信中附上一张支票，这样才能得到下一年的金属车牌。新的牌照会在几周后送达，然后我就拿上螺丝刀和新车牌到我的车边，卸下旧车牌，在车的前后安上新车牌。

有些聪明人建议车牌不用年年换。每个人可以保有旧车牌，在付完年费后，可以收到一个新的车辆贴纸，贴在旧车牌的角上就可以了。这样，不但政府可以省下每年制作金属车牌的费用，而且市民不用每年卸下旧车牌，用新车牌替换它们。另外一项创新是，有一个车牌就够了，不用两个。

许多的政府服务可以通过创新的思想和更好的管理得到提高。我邀请南希·李和我一起就这个主题进行了研究。我们的研究成果《公共部门营销》于 2006 年出版，这本书描述了提升公共部门服务水平的过程和故事。

《公共部门营销》

政府还面临提供更好服务之外的挑战。这个挑战就是怎样更有效率地吸引游客、访问者、公司总部、人才到它们的城市和国家。它们需要获得“地域营销”的技能。就城市而言，不同的城市需要拿出不同的营销计划以吸引不同的群体。埃尔文·雷恩教授、唐纳德·海德尔和我承担了这一研究，如何进行城市提升活动。1993 年，我们的研究成果《地域营销》出版了，它很受欢迎。这本书源于美国，之后，我们邀请外国的同行修改它以便适用于其他地域的城市。就这样，我们陆续出版了针对欧洲、亚洲和南美洲的版本。

《地域营销》

我认识到，营销一个国家的挑战颇不同于营销一座城市。国家有它们自身的历史、文化和哲学的品牌形象，一个国家的营销挑战是检查其形象，看在完成相关目标时，是强化了还是损害了其形象。一项名为“国家起源”的研究描述了国家形象是如何影响它在不同市场中的竞争能力的。一辆由德国制造的新车会被认为是优质的，而面对一辆由也门某公司制造的新车，我们会觉得它不怎么样。一个国家必须了解它的当下形象会如何帮助或伤害企业产品的接受度。

许多国家需要重塑它们的形象。广告词和广告画面可以帮助一个国家重塑品牌，但这还不够。一整套的行为和投资策略会使新形象更加可信、有效，也更有助于重塑品牌。我与两个学生一起对这方面展开研究，于 1997 年出版了我们的著作《国家营销》。

（从左至右）索姆基德·贾图斯里塔克、菲利普·科特勒、苏威特

如今，国家与它的主要城市之间的关系发生了一个很有意思的变化。从历史上来看，国家提供了战略方向和经济能力，

城市紧随其后。比如在美国，等级制度自联邦政府始，下到50个州，然后再到城市。联邦政府收税，向各州分配资金，然后各个城市基于自身需要申请获得资金分配。在这种环境下，城市的发展高度取决于从联邦和州政府获得资金的多少。

而现在，联邦政府、州政府和城市的关系在离散。由于2008年的金融危机，联邦政府和州政府极其缺钱，共和党和民主党的政治僵局令华盛顿政府无法解决国家的问题。因而许多美国的城市积极行动起来，要把握自己的未来，制定自己的发展目标。一些城市走出美国，努力从中国及其他国家吸引工厂、商业和外国直接投资。同时，某些城市努力提升城市基础设施和服务能力以吸引商业和技术工人。我们看到超级城市越来越像过去的城邦国家，由城市引领国家前进，而不是由国家引领城市前进。这也是我与弟弟米尔顿合著的《营销的未来：如何在以大城市为中心的市场中制胜》的主要内容。

第25个故事

# 贿赂和腐败的灾难

大多数行业都有其黑暗的一面，只是从业人员几乎不提或是故意掩盖罢了。大部分政治教科书不提特殊利益集团和院外游说者，因为政治家们在对这些学校施加影响，且影响一直都在。历史教科书隐瞒了某些事实，否则就会损害人们对于某件事或某个人的一贯看法。美国的历史书不提托马斯·杰斐逊的失败之处，包括他蓄奴，并且跟他的奴隶生下孩子。科学教科书不提照抄、伪研究以及广泛存在的剽窃行为。

市场营销也有它的黑暗面。我们喜欢想象洛克希德飞机制造公司赢得竞标订单，是因为他们提供了更高的价值。但随后我们知道，洛克希德公司向拥有决定权的采购委员会大行贿赂。

贿赂是一个广泛存在的行为，但我在我的书里从来没有提过。为什么？我真的不提倡贿赂客户。我也不向任何公司提供贿赂数额多大他们才能拿下订单的建议。最多，我会让我的学生知道，如果他们的一个或几个竞争者有可能行贿了，他们应该向有关当局报告，或者是停止竞标。

我的一位在伦敦经济学院工作的教授朋友想要揭露广泛存在的贿赂行为。他决定从他的经理人培训课堂上搜集数据。他让课堂上的经理人举手，如果他们的公司曾使用贿赂赢得过合同。没人举手。然后，他换了个问题："如果知道你的竞争对手行贿了，请举手。"几乎所有人的手都举了起来。有趣的是，课堂上有来自同一行业的经理人，作为竞争对手的他们在回答第一个问题的时候都没有举手。

这位教授更进一步，要求学员向他发匿名信描述具体的某次贿赂是如何操作的。他不需要信中提及具体的公司名字或某个人的名字，他要求学员就只写具体的贿赂行为在一个特定场景是如何发生的。这么多年来，他收集了几百个案例。作为一个理论研究方向，他决定总结贿赂的类型，甚至找出贿赂的最佳途径和最佳金额。他计划写一本书发布他的发现，并且把这个打算告诉了他的妻子。他的妻子非常惊慌，提醒他千万不要这么干。因为那样的话，他将得到贿赂专家的名声，会吸引各种讨厌的人来咨询如何行贿才能达到最佳效果。最后，他决定不写书了，也不发表文章，他将所有的研究成果锁在抽屉里，任其自生自灭。

可怕的事实是，贿赂成本非常高。一家企业想进入另一个国家，应该先咨询透明国际组织[①]，看看这个国家在贿赂和腐败方面的排名。目前在腐败方面排名靠前的地区是非洲、亚洲和南美洲。但即使是相对“干净”的国家，比如德国，过去也允许商人把贿赂作为经营成本勾销。

事实上，大多数公司并不想通过行贿来获取订单或是让自己表现更好。问题是，假如一家公司知道它的竞争对手在行贿，它是该去行贿，还是举报，或是退出竞标?

我们知道，贿赂大大地增加了社会运行的成本。贿赂的结果是资源的错位，最有价值和最有效的出价没能获胜。贿赂只会给利润增加税收，不会给社会增加任何价值。

我的一个印度朋友给我讲了一个故事。他想到地政处将他的财产过户给他的儿子，通常只需要花费 10 分钟，交费 100 卢比完成这项申请手续。但办事的官员想要 5 000 卢比完成这次过户。我的朋友问官员为何要这么做。官员说他的薪水很低。

① 透明国际组织，即 Transparency International，简称 TI，是一个非政府、非营利、国际性的民间组织，成立于 1993 年，总部位于德国，以推动全球反腐败运动为己任。——编者注

我的朋友决定不花这个冤枉钱（因为没有创造价值），他请在这个机构里他认识的一位职位更高的朋友帮忙，以正常成本完成了过户。

他还给我讲了另一个故事。印度的一名部长被逮捕，从他的抽屉里搜出了几万卢比，这些钱远超出他的收入水平。这名部长很生气。“为什么针对我？”他大喊，“他们都受贿，为什么就针对我？”很多国家在减少贿赂的发生方面无能为力。美国则使用了最直接的办法，于 1977 年通过了《外国腐败行为法案》。该法案规定，任何的行贿行为都会招致罚款，或者干脆将行贿者投入监狱。总体而言，在此法案的威力下，美国的公司行为才变得合乎商业伦理。

有些人为了让自己逃脱行贿罪名，转而让代理机构去行贿。因此警方和立法机构的工作重心逐渐转向金钱藏匿的中心——那些处理黑钱的瑞士和加勒比银行。有一则好新闻是，许多瑞士银行同意为秘密账户的钱缴税。

## 第26个故事

# 企业社会责任不可避免地凸显

作为营销人，我的工作是帮助企业生产好的产品，提供好的服务，并且更有效率地实现销售。我一直关注整个生产和销售环节对环境的冲击。威廉·华兹华斯的诗句，“人类在获取大自然馈赠的同时又恣肆挥霍，愚钝到不知天人合一的道理”[①]，总是萦绕在我的心头。

1972年，罗马俱乐部出版了《增长的极限》（*The Limits to Growth*）一书，它基于一个计算机模型，展示了不加控制的经济和人口增长可能耗尽所有资源，同时破坏环境的过程。这个宣言与主要大宗商品的价格走高一起扬名。我的朋友朱利安·西蒙觉得这个问题毫无意义，他跟罗马俱乐部打赌，大宗

---

① 原句为：“Getting and spending, we lay waste our powers: Little we see in Nature that is ours ...”。——编者注

商品的价格会下降。大宗商品价格没有继续上涨，他赢了。

《增长的极限》

然而，我开始思考营销行为对全球资源环境造成的冲击，及营销人需要承担的更多责任。更进一步地，我想是时候企业回馈社会了。我对企业社会责任问题产生了兴趣。

一家上市公司会觉得自己有义务为慈善事业做贡献吗？我们知道私人公司的所有者可以通过企业支持慈善事业，比如捐赠物品。因为他们就能说了算。但上市公司的钱是属于股东的，公司管理者无权决定支持何种慈善行为。员工们可能也会憎恨公司参与慈善活动，因为这不是他们的自主选择，或许他们更愿意拿这些钱来提高自己的工资。

我的老师，诺贝尔经济学奖获得者、芝加哥大学教授米尔顿·弗里德曼在反对企业过度参与慈善活动方面发出了最强有力的声音："企业有一种且只有一种社会责任，即使用资源，实现利润增长，以便在遵守市场规则的生存游戏中活下来。"他认为上市公司的利润属于股东，股东的投资是有风险的。弗里德曼认为，股东个人有权决定是否要从他们的收入中拿出一部分来做慈善，如果做慈善，也应由他们决定花多少钱，捐给谁。他还认为，与不做慈善或投资于研发或提升其他竞争优势的对手相比，在社会责任上花钱的公司更易受到威胁。这一立场在传统公司中很受欢迎，但现在已经没人赞同了。如今，大多数公司致力于捐钱给慈善事业。理由是什么？

我认为有三个理由。第一，企业大大受益于社会进步，比如道路、桥梁、港口等基础设施建设，这些能够帮助它们盈利。所以，它们应该回报社会。第二，履行企业社会责任将会提升企业作为良好公民的声誉，这会让它们赢得更多的客户，令雇员对企业的好感倍增。第三，做慈善抵消了企业只关注利润和积累财富的负面印象。

可能还有一个更大的理由是道德义务。R. 爱德华 · 弗里曼[①]提出了这一点："当我们在履行责任，为股东创造财富时，我们打算怎样让企业成为服务社会的工具？这个国家沉浸于物质主义和自我中心太久。企业需要灵魂。"

一家企业决定慷慨解囊时，它仍然必须决定谁应得到捐赠。一种可能的原因是应社区或其他的股东，比如供应商、代理商们的慈善请求。另一种可能是选择一个重要的善因，将大部分的捐赠应用于此。通过这种方式，雅芳的声誉得到强化，因为它支持了大多数客户关注的那个善因。

我倾向于将捐赠研究聚焦于此。南希 · 李和我通过与 25 家知名公司的访谈来研究这个问题，这些公司包括 IBM、强生、微软、星巴克、麦当劳、摩托罗拉、惠普等。我们提出了几个问题：你如何选择善因？如何测度捐赠的效果？它对被捐赠的群体到底带来多少好处？如何测量捐赠多少才能有助于提升声誉、吸引新客户及维持当前客户？

我们将研究成果发表在了我们共同创作的图书《企业社会责任》（*Corporate Social Responsibility*）中。下面是一些公司的做法及其善因：卡夫（减少肥胖）、通用汽车公司（交通安全）、

① R. 爱德华 · 弗里曼是美国弗吉尼亚大学达顿商学院教授，以研究股东理论及商业伦理而著称。——编者注

李维斯（防治艾滋病）、摩托罗拉（减少固体废物）、壳牌（沿海清理）和星巴克（保护热带雨林）。

大多数公司积极测估它们的捐助在何种程度上帮到受捐者。但从客户增加和员工满意的维度来测估回报，仍然非常困难，因为有其他的变量影响公司的声誉。最后，有人说，助人就是一个足够好的理由了，并不需要测算金钱形式的回报。

我和我的合著者在《善事！》这本书里发表了我对于企业社会责任最新的研究成果，我们提出了企业可在 6 个方面弘扬

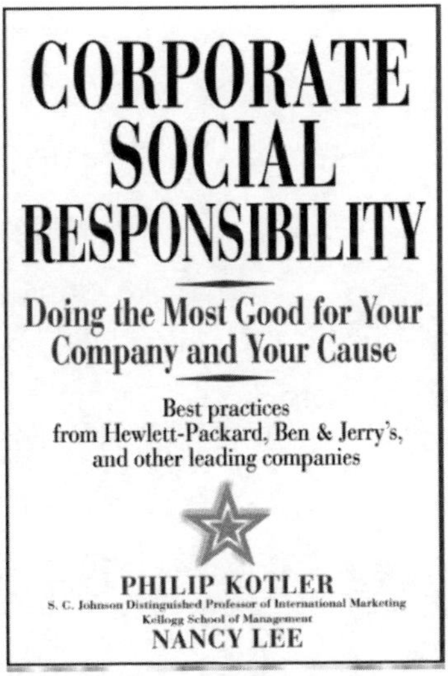


《企业社会责任》

《善事！》

其社会责任，包括善因推广、善因相关营销、企业社会营销、企业慈善、社区志愿、社会责任商业实践。在我最近的《逆势增长》(2013)中，我用了一整章的内容来讲述8条战略途径之一——企业如何运用企业社会责任打造声誉。

## 第27个故事
# “自觉资本主义”运动

温斯顿·丘吉尔对于民主曾经有如下观察：“与其他的政府组织形式相比，民主只是最不坏的政府形式。”

我确认相同的话可以用来为资本主义辩护。资本主义有它自己的缺点，但其他的制度也有其不完美之处。关于资本主义的劣势有一堆冗长的叙述，众多批评者抱怨说，资本主义是基于物质主义、贪婪、自私自利的，这三种特性也是最容易伤害“集体”的。下面是美国资本主义的九大缺点：

（1）解决贫困问题的方案苍白无力。

（2）不能将商业行为的社会成本加诸其上。

（3）在缺乏集体谈判的情况下剥削工人。

（4）在管制缺位的情况下掠取自然资源。

（5）将公民视为消费者，劝诱他们购买越来越多的远超所需的商品和服务。

（6）导致了高度的收入和财富不平等。

（7）强调个人主义甚于集体主义。

（8）鼓励“贪婪＋金融创新＋物质主义”。

（9）制造周期性的商业循环和经济不稳定。

然而，当计划经济来了，提供了另一个可供选择的体制，承诺打造共同体与平等时，它却产生了世界上最不幸福的公司。20世纪20年代到20世纪80年代，计划经济曾经盛行一时，导致一些国家经济落后于其他国家。

市场经济国家走出冷战时期后，非常戏剧性地成为俄罗斯、中国及世界其他国家经济的运行法则。如今，已有广泛共识，市场经济运行较好的地方，就会有更高的生产力和更高的生活水准。

所以，寻找比资本主义更好的制度的吁求一直存在。有人所说的“中间道路”是一种类似于社会主义或者叫社会民主主义的制度，在这种制度下，允许私人财产存在；在各种规定和社会条例下，企业可以追逐利润；政府为了公共利益可以经营一些产业，比如军事、电力、公共设施、废旧物管理；政府向个人征税，筹集资金以提供实质上免费的教育和医疗服务——大多数公民最关心的两大问题。斯堪的纳维亚地区[①]的现状显示调和社会主义和民主是可能的。这些国家成功地避免了陷入威权主义或独裁，即社会主义的批评者所担心的所谓“滑坡谬误”。

最近，一群学术和商业名人提出一个不那么激进的资本主义改善行动，即“自觉资本主义”。当我第一次听到这个词的时候，我想知道它是否在暗示通常的资本主义是非自觉的，它到底是什么意思？为什么他们不把这个新运动叫作“负责任的资本主义”或是“改良的资本主义”？

谁发起了这项运动？它的主要宗旨是什么？后来我了解到这项运动主要的学术创始人是巴布森大学的拉吉·希索迪亚教授，主要的商界创始人是全食超市公司的创始人约翰·麦基。其他支持这项运动的企业包括西南航空、谷歌、好市多、巴塔哥尼亚（世界顶级户外奢侈品牌）、The Container Store（美国的一家专业零售公司）、UPS（联合包裹速递服务公司）、生活乐趣酒店等。所有的这些企业都很成功，它们更倾向于实践一种更优良的资本主义。它们不是假装成为只追逐微薄利润的社会

① 斯堪的纳维亚地区位于欧洲西北角，主要包括挪威、瑞典等国家，这一地区的国家实行民主社会主义，以高福利而著称。——编者注

企业，而是以负责任的方式追逐利润。约翰·麦基和拉吉·希索迪亚已经在他们的新书中阐释了这种想法，这本书名字叫《自觉资本主义》（*Conscious Capitalism*）。

《自觉资本主义》

根据约翰·麦基和拉吉·希索迪亚的说法，“自觉资本主义”基于以下四大原则而存在。

（1）更高的目标。企业的生存目的如果是一个更高的目标，是超越获得利润的目标，那么就会使所有员工、代理商和客户受到激励，企业就会更加成功。管理层的任务是为公司描绘一个更具激励性的高目标及赋予其更伟大的意义。比如，一家农业生产企业说它的目标是帮助终结世界的饥饿，一家食品生产商的目标是提升食物的营养价值。

（2）股东联合。若企业能够在助其成功的股东中打造出团队精神，就会变得更加成功。包括客户、员工、渠道商、供应商在内的企业股东，全都致力于更高的目标，都因其为企业成功所做的贡献获得公正的回报。他们一起出主意来提升所有股东的工作业绩。不再有投资者视企业生态系统内的其他参与者为帮助他们获得幸福和财富的“资源”。股东大会既要为客户、员工、渠道商、供应商和其他股东带来更高的满意度，又要勇于挑战通过将其他人榨干而实现利润最大化的旧的教条。

（3）自觉领导。企业必须由服务于股东并为其创造价值的领导来执掌。他们对于冲突和妥协敏感，但努力达成更高的，最终有利于所有股东的共识。

（4）自觉文化和管理。企业建筑于鼓励创新、合作、给参与者赋权这样一组价值之上。这些价值还包括信任、负责、透明、正直、平等、爱和关怀。

现在说“自觉资本主义”运动及其原则是否会持续存在，是否会重塑数量不断壮大的商业领导人的思维模式还为时尚早。但如果那些实践“自觉资本主义”的公司在盈利能力和股东忠诚方面胜过它们的竞争对手，其他的公司会被说服开始转向一个更高的目标。我很乐于在它们的一些大型年度会议上演讲，讲述“市场营销 3.0”与“自觉资本主义”是多么地融洽。参加完它们的会议后，我对于“自觉资本主义”有了正面的感受，认为它会有助于改善资本主义的表现。

第 28 个故事

# 贫穷的诅咒

所有的市场营销工作都真诚地致力于服务客户，然而这些客户并不包括 70 亿世界人口中的 50 亿。蓝领阶层、中产阶层、富人和巨富者能享受到的市场营销服务更多，这些人加起来也只有 20 亿。面对世界上 70 亿人口，市场营销一直只对其中的 20 亿投入了关注。

美国人口统计局 2012 年的一篇报告显示，15% 的美国人，也就是 4 650 万美国人处于贫穷之中。每 4 个美国小孩子就有一个处于贫穷之中。市场营销怎么能忽视穷人？为营销辩护的一个肤浅的说法是，因为穷人没钱，或是卖给穷人没有利润。我们的这种成见一直存在，直到 C.K. 普拉哈拉德撰写的《金字塔底部的财富》（*The Fortune at the Bottom of the Pyramid*）问世。普拉哈拉德教授指出，“穷人”手上有成百上千亿美元。

贫穷的人们

《金字塔底部的财富》

C.K. 普拉哈拉德

普拉哈拉德教授恳求企业生产穷人消费得起的，不那么贵的产品和服务。如果贫穷的消费者买不起可口可乐和麦当劳汉堡，难道有创造性的企业家不能带来穷人们买得起的饮料和快餐吗？难道不是现代公司在品牌、营销和包装方面的额外支出增加了不必要的成本，才使得消费者买不起这些产品和服务吗？

有一些大型公司现在开始注意到穷人了。联合利华在印度引入了小包装的洗发水，以便那些没钱购买一瓶洗发水的贫穷妇女购买。联合利华基于让穷人能负担得起的目的，还制造了小包装的肥皂（有讽刺意味的是，小包装的价格其实高于相同分量的标准包装，但我们还得感谢它们）。可口可乐努力为乡村地区带去水净化设备，以便人们买得到、买得起安全的水。许多公司打造更加高效的供应链，设法降低产品的成本，以便将商品运送到边远地区，比如，可口可乐的送货卡车将它们车上的空间租给其他需要将商品送达偏远地区的供货商。

还有其他的公司设法为穷人降低消费的成本和价格。一名印度穷人可以去阿文德眼科医院做白内障手术。阿文德是包括医院、诊所、社区外展活动、工厂以及研究和培训机构于一体的网络医疗体系，它们安置了 3 200 万名病人，进行了 400 万例眼科手术。阿文德的病人只付他们能承受得起的金额。即使在大多数病人支付很少，甚至是一文不付的情况下，阿文德不依赖政府和捐赠仍然实现了盈利。

即使一个印度穷人意外失去了腿或是做了截肢手术，他也可以拥有行走能力。一位印度企业家用斋浦尔足（印度斋浦尔制造的一种假肢）解决了这个问题，它的费用只是西方安装假肢费用的1%。如果政府不能资助这笔费用，理想的话，这名穷人的邻居会凑钱帮他支付斋浦尔足。

我们需要的是更多的企业家、企业、非政府组织、政府组织尽最大的努力去关注穷人的需求。通过创新和口碑营销，企业成本完全可以降下来。维吉·戈文达拉扬在他的新书《反向创新》（*Reverse Innovation*）中举了很多例子。

《反向创新》

维吉·戈文达拉扬

企业的意识开始改变，有些公司已聚焦于贫穷的客户。比如前文提到的联合利华、可口可乐等。

2009 年，我出了一本书《奋起走出贫穷》，目的是帮助穷人逃离贫穷。这本书阐释了国外援助和免费向贫穷国家捐赠商品是怎样导致当地产业恶化，并阻碍穷人一起解决贫穷问题的。当然，非营利组织、企业家、企业和政府一起工作来减少贫穷非常重要。很幸运，这本书被 800–CEO–Read（一家零售图书商）选为 2009 年度最佳图书。

《奋起走出贫穷》

## 第29个故事

# 不平等和财富的诅咒

如果不审视收入和财富的高度集中现象，就无法分析贫穷的诅咒。数据显示，许多国家的收入和财富越来越集中。收入不平等的程度由基尼系数来表示，基尼系数在0和1之间徘徊，0指所有的人收入相同，1指所有的钱被一个人获得，基尼系数越高，代表收入越不平等。1968年，美国的基尼系数是0.38，现在是0.45。巴西和南非的基尼系数更高，分别是0.57和0.63。瑞典、挪威、芬兰和丹麦的基尼系数很低，只有0.25左右。

财富集中也可以由基尼系数来测量。美国如今是0.80。事实就是财富生产财富。富有家庭的成员受到更好的教育，享受更佳的健康服务，获得高收入的工作，有钱进行财富投资，对于公共政策影响力更大等。在没有政府干预的情况下，一国的收入和财富集中度会不断增加。

每当我听到美国大公司的首席执行官拥有高额薪酬的新闻，我就觉得他们在占股东、工人和美国消费者的便宜。一个令人吃惊的现实是，首席执行官的收入过去大约是普通工人的40倍，如今大约是普通工人的350倍或400倍。有些经理人报酬丰厚，阿帕鲁萨管理公司的大卫·泰普2012年拿了22亿美元，甲骨文的埃里森拿了9 600万美元。而且，如果首席执行官拿了高薪，他底下其他的各种首席官们也必须拿高薪。这意味着美国公司的高管成本结构在与中国、日本、韩国公司竞争时处于不利的境地。这还没有考虑是否有人值得年年享受如此高薪这个问题，或者说这是否是对公众股东的欺骗。

然而，保守主义者反对对富人征收高税率，他们的论据基础是富人创造了工作机会，因此需要高收入以抵抗投资风险。他们进一步主张“高收入会导致水涨船高”，但最近美国的统计数据表明，工人的实际收入自20世纪80年代以来就没有增长，同时富人的收入一直在持续增长，即使在金融危机期间也是如此。

我断言，富人在积累如此之高的财富份额后也会伤害到他们自己。因为这会导致中产阶层购买力的下降和穷人无实际的购买力，进而造成消费需求持续走平或是下降。消费越少，富人创造工作的机会就越少。因此，我认为，巨富阶层应当支持重新分配收入，以便让工人们在他们的商店里购物，让他们的工厂忙碌起来。

我们是一条船上的蚂蚱：涓流效应①

美国的 GDP（国内生产总值）停滞不前，激发了人们潜在的愤怒，导致了 2011 年发生在纽约市华尔街金融区的“占领华尔街”抗议活动。“占领华尔街”是美国公众不满和沮丧的象征。在观看电视上的大规模示威活动时，我想抗议也许会发展成为一种更加激进的运动，其目标是社会转型。现在，要求更高的

① 涓流效应又称扩散效应，指在一个经济体制中，给予上层人的利益会传递给较低阶层的人的经济学理论。——编者注

最低工资的呼声越来越高，从少得可怜的每小时 7.5 美元到麦当劳工作人员要求的每小时 10 美元，再到航空公司客舱工作人员要求的每小时 15 美元。

有钱人或许都是短视的，他们的目光不会越过他们的豪宅和游泳池。我们只能指望超级富豪们的目光更加高远，比如比尔·盖茨、沃伦·巴菲特、泰德·特纳以及其他的一些人，希望他们支持对富人征收更高的税，并且堵住漏洞，省得让巴菲特为他的税率居然比他的秘书还低觉得难堪。比尔·盖茨和巴菲特组织了“捐赠誓言”活动，132 名亿万富翁已签约并承诺将他们财富的相当大一部分用于改善所在国的状况。

比尔·盖茨　　沃伦·巴菲特

第 30 个故事

# 应对国家幻灭

每个国家的人都竭尽全力令别人感觉自己是特别的。法国人觉得自己的特别之处在于为了自由、平等、博爱发动了法国大革命。英国人为大不列颠帝国的辉煌而觉得自己特别。

在美国，我们管这个叫“例外论”，我们声称美国人民充满独有的天赋。政治科学家李普塞特看到，美国形成了一种独特的美利坚意识形态，它基于自由、平等、个人主义、平等主义和自由放任主义。我们自豪于我们没有阶级壁垒，可以更多地向上流动。

一些保守的美国人将美国视为“上帝之国”，因为美国为欧洲和其他国家在科学、技术、民主、人权方面树立了典范。是的，美国人可以为他们向更广泛的世界传递的几点贡献自豪：一是美国人建立了人类历史上最成功的民主和宪法；二是美国在20世纪成为世界上军事、贸易、经济最强大的国家，它的企业和品牌名扬全球；三是美国作为一个主要贡献者，为世界其他地区贡献了新科学与艺术。全世界人民都在广泛使用美国大公司提供的产品与服务，比如脸书、谷歌、YouTube、推特、亚马逊，等等。在这三点及其他方面，美国为世界其他地区做出了一系列清晰可见的贡献。

过去，当我到欧洲和亚洲旅行时，我有一种感觉，其他国家的公民对于来自美国的人有一种特别的尊重，有些人还想移民到美国，成为美国的公民。另一个极端是，有些个人和组织会把我们作为首选攻击目标，由于我们的政策，甚至是我们的物质主义倾向和占有欲。

一次亚洲之行，我注意到一种对美国不同的态度。人们不再过多地关注美国和美国对他们生活的冲击，不再对美国进行更多的思考。亚洲更多地开始关注自身的成功，尤其是事实上亚洲每年的经济增长率超过6%，而美国才勉强达到2%。亚洲人不再过多地去思考美国，因为他们聚焦于自己的“例外论”。

我认为美国人经历了一系列令人震惊的事件，影响了他们的自我认知。

苏联在1957年10月4日，发射的斯普特尼克1号卫星进入椭圆形的地球低地轨道。美国人震惊了，马上增加了空间计划的经费，以重新获得太空的主导权。我们通过将第一个人类送上月球，设法获得了太空的领导权。1969 年 7 月 21 日，尼尔·阿姆斯特朗登上了月球，并且说了那句著名的“这是我个人的一小步，却是人类的一大步”的话。

日本在 20 世纪 70 年代到 80 年代，在一系列的行业取得了奇迹般的增长，包括汽车、摩托车、手表、照相机、光学仪器、钢铁、造船、钢琴、拉链、收音机、电视机、录像机和手持计算器等领域。这表明，美国在相当多的领域丧失了领导地位，而且日本在管理和营销方面也胜过美国。更严重的打击于 1989 年 10 月 31 日上演，洛克菲勒中心、纽约无线电城音乐厅以及其他位于中曼哈顿的办公楼被卖给了东京三菱地产公司——世界最大的房地产商之一。

2001 年 9 月 11 日，基地组织用飞机袭击了纽约世界贸易中心的双子大厦，在我们国民的灵魂深处留下不可磨灭的伤口。3 000 多人丧生，这是首次有人给美国本土带来破坏。

我们开始听说我们的学生落后于其他国家的学生。2009 年，国际学生评价计划将美国 15 岁学生的阅读能力排在第 14 位，科学排在第 17 位，数学排在第 25 位，大约跟比利时、爱沙尼亚和波兰一个水平。在 STEM 领域，也就是科学、技术、工程和数学领域，我们的中上阶层学生在数学方面被 24 个国家的学生超越，在科学方面被 15 个国家的学生超越。亚洲和北欧国家培育的工程师数量远超过美国。中国学生一天 12 个小时待在学校，而 1/3 的美国学院附属中学的学生需要补习教育。

我们一直对我们的健康体系引以为傲，认为它是世界上最好的，但是研究显示，我们花了 GDP 的 20% 用于健康，是绝大多数发达国家的两倍，但我们健康体系的功效跟那些国家差不多，甚至还不如。

我们以极大的代价打了好几场仗，并未实现我们的目标。我们输掉了越南战争，从伊拉克战争和阿富汗战争是否获得成果也很可疑。想一下这些钱可以用在何处吧，比如花在提高美国的基础设施、健康保障和教育上？

美国人总是自豪于摆脱贫困上的高度灵活性。然而，绝大多数西欧和讲英语的国家如今比美国有更高的灵活性。我们的灵活性不如加拿大、澳大利亚、北欧诸国，甚至不如意大利、法国、德国和英国。

接着是 2008 年的金融危机，是由糟糕的银行操作及过度的自由抵押引起的，不光导致美国遭受空前的财务损失，而且严重损害世界经济，其结果是大范围的失业和银行倒闭，使葡萄牙、意大利、希腊、西班牙这些国家处于无法偿付债务的风险中。这次危机还引发了对于资本主义制度是否能够提供稳定增长和全民就业的质疑。有迹象表明，在美国富人们增加其收入和财富的时候，美国工人 2013 年的收入状况还不如他们在 20 世纪 70 年代时的状况。

所有这些事情让更多的美国人质疑他们的“例外论”。美国的未来在很大程度上是由年轻一代对工作和机会的态度决定的。我们的许多年轻人开始怀疑去国外长见识能否得到成功的结果，怀疑他们受的教育是否能帮他们找到工作，怀疑他们的工作是否能够给他们带来中产阶层的生活水准，怀疑他们是否有能力偿还为上大学而背负的债务。

当一个民族失去其主要的自我认知时，是时候发展出新的或更强的认同了。在这个迅速变化的世界，美国代表什么？很长一段时间，美国代表自由、民主、资本主义，它还会继续代言这些吸引人的观念。美国还代表着美国梦，即只要坚持不懈就可以获得美好生活的愿望，居住在郊区别墅里，拥有最新家电，家庭幸福，每隔几年换一辆新车。美国梦在面对低收入、更多的失业、日益增长的国外竞争和环境束缚时，正在逐渐褪色。

我们需要的新认同是，我们要成为创造一个更美好的世界的力量，而不光是创造更美好的美国生活。我们相信，通过我们的军事行动，我们让世界变得更安全。但首先，让我们变成创造一个更和平和更繁荣世界的建筑师吧。我们可能会以为我们已经在做这些了，比如，我们给一些新兴国家以慷慨的援助。但这些只是捐赠，并没有赋予其持久的价值。让我们努力改善联合国职能，努力去消除世界上的贫穷与饥饿。让我们回到帮助各国保护自然环境，免受污染侵蚀的愿景，让我们思考的根基回到在一个收入和资源不足的世界如何构建更好的生活。托马斯·杰斐逊认为，美国应当成为一个典范，一个帮助他国获得基于人类自然法和普通法权利的典范，并且是通过道德力量而非军事力量实现。

## 第31个故事

# 欢迎来到逆营销时代

企业往往将大部分的时间花在增加对产品和服务的需求上，但我们也需要一种“逆营销”（Demarketing）的科学，以帮助减少对特定产品和服务的需求。它将会被应用于减少对“副”产品的需求，比如毒品、香烟和垃圾食品。它也被用于减少对稀缺资源的使用，比如水、清洁的空气、特定的鱼类和特定的矿产资源。有的地方没有足够的水，而有的地方的人因缺少清洁的空气患呼吸道疾病住院。对于有些东西来说，它们需要的不是营销，而是逆营销。

1971年，西德尼·列维和我在《哈佛商业评论》上发表了一篇题为《逆营销，是的，逆营销》的文章。我们认为短缺和过剩都是我们要面对的问题。我们将逆营销定义为“这是营销的一个方面，基于一个暂时或长久的原因，劝阻普通顾客或某一阶层的顾客消费”。

今天，很多人都关注我们这个星球的承载力，它提供资源以满足不断增长的人口、这一代人及下一代人的需要。

“生态足迹”的概念认为，如果地球上所有的人都想过上美国人的生活，以现在的资源消耗率来说，我们需要 6 到 8 倍的地球资源。一代人如此剧烈地消耗现有的资源——石油、水、空气、木材和鱼，下一代人注定要降低生活水准。随着地球资源的减少，我们可能需要从营销时代走向逆营销时代。这与做商业决策有何关系呢？拥抱可持续发展的公司需要在其市场战略和实践上进行一些基本的改变。联合利华的总裁保罗·波尔曼说：“我们的雄心是让销售额翻番，但同时我们要减少对环境的冲击，减少‘生态足迹’……它要由更负责任的消费行为来实现。”

如果每个公司都设定业务翻倍的目标，并且成功了，那么可持续发展就无法实现。如果欠发达国家由于某种奇迹达到中产阶层生活水准，污染、地上和空中交通堵塞以及能源电力中断就会抑制我们所有人的生活质量。介于零增长和适度增长之间的目标更有意义。

以可持续发展驱动的公司需要引入清晰的标准来指导它们的新产品开发项目，在回收和循环利用上投入更多，并且让它们的股东——员工、渠道商、供应商、投资人确信，他们会与浪费做斗争，会接受对增长的某些限制。

企业必须改变它们的考核方案，以便在增长目标和可持续发展之间建立一个更好的平衡。首席执行官的报酬既需要建立在取得计划中的利润增长之上，又要建立在减少了计划中的环境成本之上。

逆营销的时代来临了。

企业在制定发展战略时，需要树立逆营销思想。逆营销是减需求的另一个名字。有四种情况呼唤减需求：

（1）管理已有的短缺。中东缺水，它必须向互为竞争对手的国家分配水资源。能源供应不充足的国家需要发起运动，阻止不必要的可能的能源消耗。

（2）避免潜在短缺。必须禁止过度捕捞，以保持鱼类供应。伐木必须与主动种植相配合。

（3）降低对个人的最低危害。需要努力采取措施减少吸烟、吸毒，以及吃糖、盐和脂肪含量高的食品。

（4）减少对自然资源及稀有资源的伤害。阻止过多的游客参观黄石国家公园，或其他的热门旅游地区。

逆营销的工具是什么？让我们来看看俄罗斯在劝阻其公民不要过度饮用伏特加和其他酒精饮料上的努力。伏特加依赖症会导致打架斗殴、婚姻破裂、伤害和死亡事件频发。营销 4Ps 被俄罗斯政府和非政府组织作为一个营销框架来使用，用以减少伏特加消费。

> 产品：政府下令降低伏特加产量，同时限制消费者购买，每人一周只能买一夸脱（容量单位）。
>
> 价格：政府会大幅提高伏特加的价格。
>
> 渠道：政府会限制售卖伏特加终端的数量，让消费者难以或是不便于购买。
>
> 促销：政府会投放广告，进行舆论引导，宣传过度饮用伏特加对个人和家庭的危害。

逆营销的努力已经被广泛应用于不同的情形：劝说立法者限制发放打猎和捕鱼执照；劝说大量的游人勿入承载过度的黄石国家公园；劝说酒店住客尽量少索要毛巾；劝说房主少用空调和电力；劝说购买者购买燃油效率更高的汽车……

在努力减少对某个渴求之物的需求的时候，也有需要注意的地方：第一，逆营销运动可能让产品或服务需求更大，类似禁书或禁电影的效果；第二，在供应减少的时候，会创造一个犯罪阶层，比如，在美国禁酒的“禁止年代”，这种情况就发生过；第三，人权倡导者会抱怨政府干涉了他们所说的公民权利。逆营销在个人自由和公共利益之间给出了非常困难的选择。逆营销会限制我们的个人自由。但当公民之间达成集体共识，认为某些物品和服务确实应当减少消费时，逆营销就能够发挥最大作用。

第32个故事

# 建立和推出世界营销峰会

2010年，在出版了我与南希·李合著的图书《奋起走出贫穷》后，我意识到设立一个营销论坛是非常有必要的，它可以将那些有志于创造一个更好、社会问题更少的世界的专家聚集在一起。当然，世界银行、国际货币基金组织以及联合国也在向着创造一个更好的世界努力。但我的头脑中闪现出一些特别的灵感，它来自每年在瑞士达沃斯举办的世界经济论坛。世界经济论坛吸引了世界主要国家的政府官员、企业家和杰出的学者一起讨论世界经济问题。我记得有一次我先到了日内瓦，世界经济论坛的职员来机场接我，我被迎上了一辆豪华轿车，车内还坐着参加这次论坛的巴西财政部长。豪华汽车在充满危险的雪地上行驶了一个小时才到达沃斯，我跟部长聊了一路。

世界经济论坛给了我灵感，我想我完全可以推出一个类似的但规模小一点的非营利性的年度盛会，这个盛会以战略、管理和市场营销为主题，将会描绘管理、营销科学、艺术能够如何让世界变得更好。我们将它的目标定为“用营销让世界变成更美好之地”。我们将会聚焦于联合国的大多数成员国在2000年提出的8项千年发展目标，包括减少贫穷和饥饿，提升教育、健康与环境水平等。

2012年3月1—3日，我们在孟加拉国的达卡举行了首届世界营销峰会。孟加拉国是一个有着1.5亿人口的贫穷国家，它必须解决组委员会提出的所有问题。孟加拉国总理谢赫·哈西娜非常支持我们的会议，她要求能源部、教育部、财政部部长们一起来准备会议。我们邀请了60名社会问题专家在为期三天的会议中向4 000名听众演讲。邀请的发言专家中有：美国的唐纳德·舒尔茨教授，他提出了整合营销理论；德国的赫曼·西蒙，他是细分领域“隐形冠军”的专家；瑞典的埃弗特·古曼森，他是服务营销的领军者；印度的沃尔特·维埃拉，他分享了对印度应对贫穷和饥饿的观察；印度尼西亚的何麻温·卡塔加雅，他提出了改善亚洲状况的计划；南希·李，她分享了社会营销领域激动人心的成功故事。我们还邀请了联合利华和其他企业的总裁来和我们分享为创造一个更好的世界，他们正通过营销在做什么。

World Marketing Summit

WORLD MARKETING SUMMIT

Better world through marketing

| | |
|---|---|
| Motto | Creating a Better World through Marketing |
| Formation | 2011 |
| Type | Non-profit organization |
| Headquarters | Toronto, Canada |
| Region served | Worldwide |
| Official language | English |
| Leader | Philip Kotler |
| Website | www.worldmarketingsummitgroup.org |

首届世界营销峰会

沃尔特·维埃拉（左）和科特勒

首届世界营销峰会的一些基本情况：

（1）这是第一次世界营销峰会。

（2）杰出的演讲者，包括经济学家、市场营销学者、心理学家，他们都来自不同的国家。

（3）来自几个国家的 4 000 多名代表积极参会、聆听、发言。

（4）主题是“用营销创造一个更好的世界”。

（5）世界营销峰会将聚焦于用营销提升四个领域的状况：健康、教育、环境、食品。

（6）世界营销峰会的独特之处在于，围绕主题建立了8个孵化器，以促进人类的知识和福祉。

为期三天的会议热闹非凡，尽管许多专家是第一次碰面。我们不仅听到了一些杰出的演讲，而且还邀请了学术界的实践者参与创立各种孵化器以处理不同的问题，签约建立了4个孵化器，目标是在下次的峰会上发布它们的成果。

这次旅行最令人难忘的时刻之一是参观著名的孟加拉国国民议会大厦，它是由著名的设计师路易斯·卡恩设计的。它的外表是一座城堡，将会在这里矗立千年。议会正处休会期，我们在巨大的议事厅里漫步，想象政治状况以及议会会议期间每天必定发生的争吵。

在孟加拉国举办的第一次会议成功之后，我们接着又在2013年于吉隆坡举办了一次成功的会议。我们开始思考是每年选择一个不同的地点，还是参考达沃斯模式，固定在一个地方。最后我们决定永久选择一个亚洲国家。2013年3月7日，我们会见了泰国总理英拉·西那瓦，她希望2014年世界营销峰会在曼谷举行，然后，我们就讨论是否把曼谷作为永久会议之地。好几个泰国的公司也表示愿意为峰会提供支持。

2013 年 3 月 7 日，泰国总理英拉 · 西那瓦（右）会见科特勒

不幸的是，此时，泰国发起了一场抗议运动，反对一项允许泰国前总理他信回国的议案。由于政治动荡，我们决定将 2014 年的峰会移至日本东京。日本人也非常欢迎我们，并给予巨大的支持。2014 年世界营销峰会于 2014 年 9 月 24—25 日举行。

第33个故事

# 20 世纪 80 年代的日本

20 世纪 80 年代早期，我在凯洛格商学院教总裁班。我很惊讶，有一位总裁认为是我造就了日本对美国的巨大经济优势。我问他为何有此观点。他说日本人读了我的《营销管理》，将它视为“营销圣经”，严格应用营销原则，在一个又一个行业里打败了美国人。我说：“但是每位企业人士都读了《营销管理》，都能应用它的原则和战略。也许区别在于，日本人相信我说的，但美国人不相信。也许日本人相信更好的产品是营销的本质，而美国人相信更好的广告才是营销的本质。”

这个小插曲引出了一个有趣的问题：日本人是如何从第二次世界大战的灾难中神奇恢复，并且在一系列的行业成为市场的主要领导者。它如何快速成为计算机和建筑设备行业的第二名，并且在化学、药物和机床等行业强有力地上升？

1982年夏，我说出了我心中的答案，文章的标题是《世界冠军营销者：日本人》。用这个标题是需要勇气的，因为美国人认为是他们发明了营销，并且依然是营销的领导者。我说过，许多因素帮助日本人在几个关键领域赢得领导地位，当然也包括他们对于营销深刻的理解。

这些因素包括：

（1）日本使用共识决策系统。他们使用从下到上的交流，让多方参与者加入，以便对决策的可选项进行深度审视。虽然这一过程十分缓慢，但一旦做了决定，就会被快速执行。

（2）日本公司实行终身雇佣制，有工人建议制度、优秀的培训和轮换制度、质管小组制度，这些都有助于形成更高的企业忠诚度。日本有一套非常严格的成本控制、生产效率、产品设计和质量管理制度。

（3）日本的政商之间关系密切，劳工在其中也扮演重要角色。大商社、政府支持、补贴以及容易获得银行贷款都有助于企业的成功。

（4）日本的崛起得益于制造商、供应商、分销商之间的密切联系，得益于员工极高的工作伦理。日本的低工资也给了企业比较竞争优势，它们也愿意以低利润获得更高的市场份额。

（5）日本的产业也得益于巨大的内部竞争。日本有九大汽车公司，而美国只有三个；有四家摩托车企业，而美国只有一个哈雷摩托车；有一打照相机生产厂商，好几个手持计算器和电器生产厂家。我们可以非常清晰地看到，日本企业高度专业化，并且相互竞争。

尽管这些优势都起作用，但日本人学到的至关重要的一课是“客户价值至上”。你总能以“更好的产品、更低的价格”打败你的竞争对手。我们知道更低价格的产品总是不愁销售的，但假如产品一般或是令人失望，它不会让顾客回头。日本企业确信，它们的产品有更高的质量、更好的设计和一些创新的特点，能够保证顾客回头，即使提高价格。

日本的营销实践包括仔细研究决定进入什么行业，服务于哪个细分市场，采用合适的战略深入每个细分市场。我对于日本如此透彻地理解客户驱动市场营销印象深刻，1985 年，我出版了《新竞争》一书以解释日本的发展和新的竞争。

几年之后，日本开始部分失去了向上飙升的势头。一位律师朋友问我：“为什么日本的经济减速了？”我说：“这只是暂时的，‘五小虎’起来了，中国出现了。但日本会继续居领导地位，甚至会在更多的行业赢得胜利。”5年之后，日本的停滞依旧，我的律师朋友又问：“日本的经济为什么停滞？”为什么日本经济停滞了20年？我想我知道一些答案：

（1）日本经济的成功导致了它在某种程度上的自大和自满，以为它的成功可以毫无疑义地延续。

（2）创立企业的伟大领导者和企业家后继无人，继任者并不具有创始者的创造力。

（3）日本经济在增长，提供了足够的国内机会，企业不必走出去。

（4）日本企业懂得制造，但不再懂得营销。它们只是简单地推广营销，更没有任命首席营销官，以参与规划企业的未来。

（5）与竞争对手相比，日本企业在市场决策上比较缓慢，特别是与竞争对手相比，尤其慢。

（6）雇员的终身雇佣制和重资历而非重业绩的考核方式正在制约日本企业的复苏。

（7）日本企业受到华尔街资本主义的影响，聚焦于短期结果，而忽视长期战略。

日本如何才能重振经济？我有如下建议：

（1）日本企业在开发新产品、新商业模式、分销系统和定价方面必须变得更有创新性，它们需要更多地利用协同创造和众包。

（2）日本企业需要把钱从30秒广告转投于社会媒体，并且监视效果。

（3）日本企业需要任命首席营销官以参与制定企业未来发展战略。

（4）日本企业需要打造品牌，要站在更高的立场上看，它们对于让世界变得更美好能贡献什么。

2013年6月，我拜访了日本并面向1 000名来自不同行业的人发表演讲。我讲到我的新书《逆势增长》，我热烈期盼日本进入一个新的增长周期。

## 第 34 个故事
# 在日本的精彩经历

这些年来，我已经赴日旅行多次。每次旅行都非常有趣且令人难忘。

我最初到日本是因为与费迪南德·毛瑟教授的友谊，他曾经在韦恩州立大学执教市场营销，但随后就去了日本，执教于庆应义塾大学。费迪南德致力于思考更大的企业价值与伦理，比如支持可持续发展，他告诉学生们尊重自然，这种态度来自他在日本生活的经历。他影响了很多日本学生。我认识他，是因为他选择了最好的韦恩州立大学的几名学生，推荐他们到凯洛格商学院攻读市场营销博士，因此，凯洛格才培养出理查德·巴戈齐、加里·阿姆斯特朗、兰多尔·舒尔茨等市场营销领域的杰出学者。

费迪南德·毛瑟教授

在庆应义塾大学执教20年后，费迪南德的职业生涯发生了戏剧性的转向。有一家日本的经纪人事务所认为，费迪南德西方人的身份令他很适合在日本的一则广告中做模特。突然，费迪南德出现在广告中，他为牛仔裤、意大利品牌鞋子、西装代言，甚至出现在一些日本视频短片中。我们就世界各种问题通信多次，我从他的日本观中学到很多。令人沮丧的是，他退休后中风了，不久便离世，我失去了一位亲密的朋友。

费迪南德与伊藤正敏是朋友。伊藤先生是伊藤洋华堂的创始人兼主席，伊藤洋华堂经营了7–11连锁便利店、丹尼餐饮以及其他零售企业。费迪南德介绍我认识了伊藤先生，我很乐于认识他。伊藤先生是一个终身学习者，我们在零售、经济等问题上进行了多次谈话，当我们在交谈的时候，他总是在做笔记，这一点跟我一样。不久以后，他写信给我，说他想让他的儿子恭久跟我在凯洛格学习。我乐于效劳。恭久是一个很出色的学生，后来我们多次在东京见面。

科特勒与伊藤正敏（右）

我在凯洛格教过很多优秀的日本学生，他们后来都掌管了大公司，包括 Esai 公司的总裁内藤春雄、YKK 公司的主席吉田忠雄、丰田美国公司的总裁稻叶良。我在凯洛格最喜欢的学生之一是柴田光博，他先在伊藤洋华堂工作，然后是迪士尼，再然后是诺悠翩雅（Loro Piana），最后他成为布达佩斯俱乐部的活跃会员，为了推进世界和平而工作。

科特勒与柴田光博（右）

费迪南德还将我介绍给了村田庄司教授。村田的学生们非常崇拜他，每年在一个特定的日子，他的学生们都会回来为他举行活动并向他致意。有一次，活动是在一个游泳池里举行的，村田在游泳池的一端，学生们在另一端，学生们依次游向他以示敬意。对我来说，这就像高潮迭起的戏剧。我和妻子受邀拜访村田家时，也非常有戏剧性。我们进屋之后发现，村田没有穿平常穿的西装，而是穿上了优雅的日本和服，看起来就像一个武士。他以低沉的声音欢迎我们。我们和他以及他的妻子度过了愉快的一晚。村田又将我介绍给了岛口光昭，庆应义塾大学的一位杰出学者，这位学者对于分销体系深有研究。

我和妻子很喜欢日本文化，包括茶道、插花、盆景艺术、日式园林和日本食品。我们拜访和游览了美丽的日本花园城市京都。我在西北大学有一个特别的日本朋友大阪弘子，她在我游日期间帮助了我。1995 年 2 月，她邀请我参加她弟弟在东京举行的婚礼，我很高兴参加日本人的婚礼，因为我从来没有参加过。我很期待在婚礼上看到传统的神圣仪式典礼。结果，我完全错了。原来，日本的新一代新郎新娘想要的是西式的婚礼。那时，这是一种时尚潮流。在婚礼举办期间，他们顶多

大阪弘子（左）和科特勒

短暂地成为基督徒。我从来没有从头到尾看过一场传统的日本婚礼。

我仍记得我在日本另一座城市的一段不寻常的经历。主人安排我与两位特殊客人一起共进晚餐，其中一位是日本国宝级的人物，擅长铸剑。他知道我收集日本刀镡，便带来了他新铸的一把剑让我们欣赏，这把剑非常漂亮，让我艳羡不已。据说他铸的剑价值100万美元。我说我很后悔没有收集剑，因为我的妻子不让家里有刀剑，那时孩子们还小。

另一场晚宴与一位日本美女有关。她与我坐邻座，我们一直在聊天。我发现我们在聊天的时候，一些客人在窃笑。然后，主人告诉我，这位女士的按摩技术很棒，问我感兴趣吗？我说当然。晚上10点，我退出宴席后，有人敲我的房门。来的不是那位漂亮的女士，而是一位老妇人，她被派来给我按摩。所以，主人只是跟我开了一个玩笑。但这个玩笑有点大：那位跟我聊天的苗条“女士”根本不是女性。如果我经常看日本电视，就应该知道“她”是一位著名的男士，她做了变性手术。我永远不会忘记那晚主人精心安排的幽默。

## 第 35 个故事

# 收集日本挂坠和刀镡

42 年前的一天，我和 11 岁的女儿艾米逛到了位于哈佛广场的一家古玩店。她发现了一个很酷的象牙制母子猴戏耍挂坠。店主要 100 美元，我买下了它。那时我还不知道，随后，我会成为日本挂坠的收藏者。

这些酷酷的小挂坠建立起了我对日本文化的喜爱和理解。我很惊讶的是，许多日本人，包括绝大多数的日本年轻人，几乎不知道挂坠。为了让日本年轻人理解，我再分享几点。在 19 世纪 70 年代以前，日本的男人和女人都穿和服。和服没有口袋，那么，日本人是如何随身携带硬币、烟草和药物的呢？答案是用一根绳子穿过他们的钱包或药囊，再把这根绳子环绕腰间。这根绳子的另一端系有重的物件以平衡腰带，物件上有小洞可以穿绳。这个重的物件通常是由象牙（或者是木头、鲸骨

母子猴戏耍挂坠

之类的东西）制成的，会被雕成受欢迎的日本主题形象，比如动物、昆虫、人或者是一些虚拟的形象。通常，富有的日本地主会聘请挂坠雕刻专家制作具有个人趣味的挂坠馈赠他人。如果在茶叙或公共聚会的时候，别人注意到他的颇具个人趣味的挂坠的时候，地主就会很高兴。

我开始造访纽约、旧金山、伦敦、夏威夷、东京、京都的日本艺术和古玩展来收藏挂坠。我结识了各种有趣、知识渊博的交易商，他们也乐意指导我和妻子鉴赏挂坠的细微之美。后来，我加入了挂坠学会，每月会收到印刷精美的图文杂志，我很期待收到每期杂志，因为上面都是关于挂坠的美丽图片和文章。

我还记得出席长达一周的世界挂坠学会会议的情景。来自世界各地的 300 多名挂坠收藏家齐聚夏威夷，他们中有很多知名人士，包括好莱坞明星汉斯·康里德，著名的舞蹈工作室创始人阿瑟·墨里。我们交流收藏故事，买卖挂坠。在和雷蒙德·布舍尔交流时，我觉得时间过得飞快。他是一名美国律师，娶了一位日本太太，是日本挂坠的著名收藏家和权威人士。他所著的关于挂坠的图书都成为经典之作，其知名藏品在旧金山

科特勒和久子王妃（右）

著名的笛洋美术馆展出过。另一件他收藏的伟大的挂坠藏品是由弗吉尼亚·阿切捐赠给伦敦的维多利亚和阿尔伯特博物馆的。我最棒的收藏品之一来自宪仁亲王和久子王妃。我很高兴在2014年与久子王妃会面，并且分享了关于收藏挂坠的故事。

一本非常精彩的书《琥珀眼睛的兔子》的出版在世界范围内引起了人们对挂坠的兴趣。作者埃德蒙·德瓦尔是欧洲一个著名犹太家庭的后裔，他的家族代代收藏挂坠，拥有辉煌的藏品，在纳粹占领欧洲的时候，他们必须想办法逃脱纳粹的魔掌。

我对挂坠的热爱在发表《如何鉴别挂坠品质》这篇文章时达到顶点，这篇文章发表在1976年的《亚洲艺术》上。这篇文章总结了大师级精品挂坠的十大特点，包括：独创性、审美价值、功能、工艺水平、生命力、质感、年代、状况、主题的受欢迎程度、签名与谱系。我希望更多的日本人回头来了解和欣赏如此精美绝伦的艺术。令人欣慰的是，迄今一些居住于世界各地的独立艺术家还在雕刻挂坠，尽管它已经失去了最初的功能。

我还收藏日本刀上的刀镡。为了公共安全，日本刀于1876年3月28日被禁止在公共场合佩带。但是人们继续收藏这些美丽的刀剑和它们的组件，比如刀镡、目贯、绿头和柄头。我的夫人不喜欢我们家里有刀剑，于是我们就满足于收藏刀镡。它们通常是由铁或更贵重的金属做成的，在图案上通常会镶有金或银。令人悲哀的是，所有的日本刀镡原本都是完整的刀的一部分，但时过境迁，一把复杂的日本刀的组件也可以买卖了。日本刀是另一个能够体现日本人出众的审美和日本匠人精湛工艺的典范。

日本武士

蜻蜓刀镡

第 36 个故事

# 当代玻璃艺术品的收藏与捐赠

世界上只有两种人，收藏东西的人和不收藏东西的人。第一种人也各不相同，他们收藏各种各样的东西：艺术品、硬币、邮票、纽扣、棒球卡、亲笔签名，包括我收藏的日本刀镡和目贯。我和妻子还收藏另一种东西，那就是当代玻璃艺术品。

所有人都知道玻璃的用途，从窗户到试管、碗、盘子和玻璃瓷砖。然而人们对于作为审美介质的玻璃知之甚少。在古罗马，一些玻璃制匠创造了美丽的玻璃器皿。在 19 世纪 40 年代的法国，玻璃艺术家创造了美丽的玻璃镇纸，图案有花、水果以及其他元素。19 世纪末，法国、德国、意大利和捷克的玻璃艺术家们将玻璃用于制作精美的艺术品。

保罗·斯坦达德[①]制作的玻璃镇纸

1962年，哈维·利特尔顿[②]才开始在威斯康星大学制作玻璃艺术品，然后他在托莱多艺术博物馆，掀起了玻璃工作室运动。他和多米尼克·拉比诺一起，指出了如何在小工作室中制

① 即Paul Standard，他是玻璃艺术制作大师，还是美国手工艺理事会的研究员。——编者注

② 即Harvey Littleton，美国的一位玻璃艺术家和教育学家，也被称为“玻璃艺术之父”。他最初从事陶瓷艺术，之后才学习玻璃艺术。——编者注

作玻璃工艺品，这样就不再需要在大型玻璃工厂制作了，这标志着玻璃工作室运动的开始。如今世界各地分布着成千上万的玻璃艺术家和收藏者。

南希和我第一次看到当代玻璃艺术品是在一个朋友的家里，他有一件早期的藏品。我们被这些美丽又复杂的艺术品所震撼，不久，我们就成为狂热的收藏者。

哈维·利特尔顿的一件当代玻璃艺术作品

哈维·利特尔顿

当代最著名的玻璃艺术家是戴尔·奇胡利，他的工作室船屋位于西雅图。戴尔的一只眼已在车祸中失明，所以他不得不放弃玻璃艺术品制作，但他坚持构思作品，指导其他的玻璃艺术家为他工作。他创作了诸多的系列作品，包括 Seaform 系列，在薄玻璃上进行透明雕刻，并以螺纹色条增加艺术效果；

Macchia 系列，用上了工作室的每种颜色；波斯系列，从中东 12—14 世纪的玻璃得到灵感，色彩内收，有一间屋子大小；Venetian 系列，基于意大利德科艺术的即兴创作；Ikebana 系列，由花道激发灵感创作的玻璃花；新岛之舟，直径 6 英尺、错综复杂的色球，创意来自日本新岛的玻璃渔船；还有枝形吊灯、玻璃树和植物。在各个博物馆中，他的作品多于在世的任何其他艺术家。

戴尔·奇胡利与他的插花玻璃作品

戴尔的作品以美丽而闻名，我们却更喜欢他的具有叙事和故事性的作品。我们收藏的其中一件是一个男人和一个女人面对面舒服地坐在椅子上。女人身体前倾诉说，男人后仰倾听。他们是谁？这是一个女性患者和她的心理治疗师吗？或者是一个跟疲惫的丈夫分享见闻的妻子？这个作品在不同的观者眼中有不同的解释。

戴尔·奇胡利的故事性作品

我们藏品中的另一件是由四个人组成的作品，其中有 3 个人站着呐喊，另外一个人在低头看书。他们是在看一场球赛吗？那 3 个人高度投入，另一个却丝毫不感兴趣。或者，他们是4个大屠杀的受害者，各自在用不同的方式面对残酷的命运？

我们还收藏了更多的抽象作品，大多是那种其内涵甚于作品本身的。其中一件是两个圆形的滚动物体，一个大，一个小，被置于一个倾斜的平台上，平台本身放在一个巨大的岩石上。我的解释是——南希正在跟着孩子跑，我在支撑平台和家庭，尽管我自己也不在一个牢固的平台上。

我们意识到收藏艺术品是离不开收藏家和经销商的。我们被邀请参加当代玻璃艺术品联盟理事会，遇到了其他60名热心的收藏当代玻璃艺术品的理事会成员。我们定期拜访芝加哥、纽约、底特律、丹佛、威尼斯、布拉格的经销商，跟他们非常熟。每隔两年，我们都会参加新泽西惠顿的“玻璃周末”活动，与经纪商和收藏者见面，聆听玻璃艺术家和批评家的见解。

总之，我们非常享受家中的150件当代玻璃艺术藏品，我还敞开家门，让参观者和收藏者进门观赏。我们在玻璃的世界里冒险，分享诸多美好有趣的回忆。

我们收藏了25年的艺术玻璃品，并开始思考这些藏品应该在何处安身立命。我们的三个女儿青睐其中的一些藏品，但她们的家不够大，无法容纳如此大规模的藏品。我们可以选择通过苏富比或佳士得拍卖藏品，或者可以将它们赠予一座大型博物馆。

我们选择了后者。由于当时我们居住在佛罗里达的萨拉索塔，因此就联系了瑞格林艺术博物馆，它是全美第 16 大艺术博物馆。瑞格林艺术博物馆有精美的巴洛克艺术藏品，最近又增加了当代的派系。博物馆对于能够获得我们的藏品表现出了强烈的兴趣。我们很高兴将其中的 30 件赠予博物馆，并在 2013 年 11 月举行捐赠仪式，在未来我们会赠予更多。这个展出在 2014 年 6 月持续了一个月，引来了大量的观众和评论。

佛罗里达萨拉索塔瑞格林艺术博物馆

现在，我们在萨拉索塔的家中鉴赏和享受大部分的艺术玻璃品，也可以在 10 英里[①] 外欣赏我们赠出的一部分。通过这种方式，我们将我们的藏品与更广大的观众分享，同时也可以继续在家把玩。

① 1 英里≈1.609 千米。——编者注

## 第 37 个故事

# 心中永远特别的瑞典

许多年前，我读过一本 1936 年出版的美国记者马奎斯·齐尔兹所著的《瑞典：中间之路》(*Sweden: the Middle Way*)。这本书展示了瑞典的社会民主改革政策，它还描述了瑞典的合作运动，即由国家提供工人住房、社会福利及其他福利的运动。

瑞典长期以来致力于建设一个更美好、更健康的社会。比如，瑞典实施白酒配给制度，21 岁以上的公民必须登记才能购买，买多少也有非常严格的限制。国家垄断了白酒买卖，商店都由国家专营。从学校开始，孩子会了解吸烟、过量饮酒和嗑药的危害。这幅图景让我很高兴，我认为瑞典在努力将其公民培养为负责任的公民，从而让整个社会变得健康和高产。

我对瑞典政府卓越的管理水平印象深刻。它改变了道路驾驶规则，从靠左驾驶转向了靠右驾驶。那时，瑞典是欧洲大陆上唯一靠左驾驶的国家。为了完成这个转变，瑞典用了四年时间通知所有的司机，1967 年 9 月 3 日早上 5 点进行转换，所有瑞典的小汽车都必须从路的一边转到路的另一边。最大的成本是在车辆转换的同时，要更换站台、交通标识，改变道路的入口和出口，因此，街道和道路的大规模重建开始了，通用道路系统实现了全面升级。在国家规定的时间点，扩音器播放着“转换时间到了”。尽管一开始引起了严重的交通堵塞，但无人受伤。这是世界上最大最成功的改变人们行为的社会营销运动之一。

克里斯特·安格鲁斯经营着一家演讲机构，名字叫斯科勒吉特信息公司（后改为一家在线约会交友网）。1991 年，他邀请我到斯德哥尔摩进行一整天的演讲，内容是营销在创建经济繁荣中扮演的重要角色。

会议在早上 9 点开始，一直持续到下午 5 点。考虑到茶歇和午餐，一共是 6 个小时。我们谈好了报酬，然后就开始合作，友谊也由此产生，并保持到今天。克里斯特是少有的那种做任何生意都能成功的市场营销专家。他随后邀请我每年 9 月都到斯德哥尔摩出席年会，他称之为“科特勒日”。这个例会每年都会吸引 800~1 200 名经理人和首席执行官。我记得 2005 年的那届会议，克里斯特在斯德哥尔摩到处打着广告牌“科特勒来了”。每次会议开始前，克里斯特在我不在现场的情况下先介绍项目，播放英国电影《火战车》的歌曲作为主题曲，然后，我从幕后走上讲台，在掌声中开始我的演讲。

克里斯特·安格鲁斯

克里斯特告诉我，他将要改变他的职业生涯，从运营一家斯堪的纳维亚领先的演讲机构，到推出斯堪的纳维亚的在线约会服务。他开玩笑说，他刚离婚，通过这个，正好可以结识新的女性。他在瑞典推出了“第一次约会”服务。在给我的一封信中，他说，“我们将在不到 24 个月内，由第二的位置变成第一”。他的抱负是将网站扩展到欧洲，成为欧洲领先的约会网站。他还向黄金会员提供约会保证，如果他们在 6 个月内没有遇到他们喜欢的人，他将百分之百退款。没有什么比将营销和创新结合起来更能有效地令人成功了。

早在 1998 年，我曾接到斯德哥尔摩大学打来的一个电话，说我将被授予一个荣誉学位。我了解到这是由斯德哥尔摩大学的埃弗特 · 古曼森教授提名的，我很高兴，飞到了斯德哥尔摩，与其他几个堪称所在领域的杰出人士一起接受了荣誉学位。我们所有人都受到了指导——如何向瑞典国王卡尔十六世 · 古斯塔夫和他可爱的妻子西尔维娅致意。这是我第一次会见皇室成员，我小心翼翼地用一只手接过荣誉学位，另一只手跟国王握手。

埃弗特 · 古曼森教授

埃弗特·古曼森教授对我的思想有很大的影响。当大多数美国学者从理论上研究产品营销时，埃弗特就开拓性地对服务营销展开了思考，并且在 1977 年出版了关于服务营销的书。之后，他出版了另一本开创性的书《全关系营销》（*Total Relationship Marketing*），覆盖了营销者能想到的关于管理的 30 种关系。它成为当年瑞典营销联盟的年度最佳图书，1999 年获得了克里斯·奥坦德奖（the Chris Ottander Prize），现在它有了 10 种语言的译本，并且出到了第 4 版。埃弗特和我在 20 多年间成了最亲密的朋友，我非常尊重他的想法。

因此，瑞典在我心中永远是一个特别的地方。

第 38 个故事

# 美丽的印度尼西亚和营销 3.0 博物馆

我第一次到访印度尼西亚是受汉斯·曼达拉斯先生的邀请。汉斯经营着一家演讲事务所，曾经他还邀请到彼得·德鲁克去印尼演讲。他写信给我，邀请我到雅加达进行为期一天的研讨会。尽管芝加哥到雅加达需要飞行 17 个小时，我还是想看看这个拥有 2.4 亿人口的国家，了解它的历史，看看它的奇珍异宝。

1981 年，我面对 700 名印度尼西亚的经理人发表了演讲，汉斯邀请我择期再来一次，去巴厘岛发表演讲。我和妻子去了巴厘岛，住在一家著名的生态豪华度假村，沉迷于巴厘岛的美、它的奇妙绘画以及艺术家的雕刻。我知道在未来的旅行中我们还会回到巴厘岛。

我再一次返回巴厘岛是缘于莫斯科的一次会议。我被邀请到莫斯科发表演讲，讲什么是市场营销以及如何运用它。《营销管理》是俄罗斯第一本引进版的营销书。“营销”这个词在俄语中不存在，出版社不得不使用英文原词。奇怪的是，收到俄文版后，我发现只有 222 页，要知道美国版有 600 页，我想他们是“漏掉”了所有涉及资本主义和更好地服务顾客的内容。我被译者告知，所有的出版内容都必须经有关部门审查。显然，审查部门一定忙坏了。

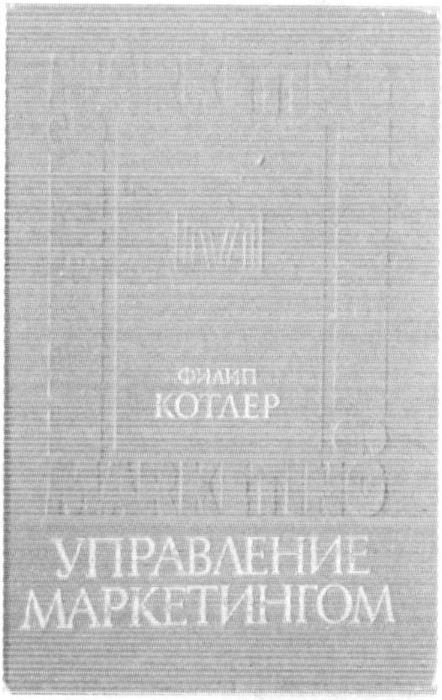


俄文第一版《营销管理》

莫斯科会议上有一个演讲人叫何麻温·卡塔加雅，虽然我不认识他，但他仍上前做了自我介绍，说他从我的书里学会了营销。何麻温在雅加达开了一家叫 MarkPlus 的公司，主要向印度尼西亚客户提供营销咨询、营销培训以及营销调查服务。我们聊了很多，我突然感觉人生中一些类似的时刻重现了，我和何麻温将会成为亲密的朋友，尽管他生活在 8 000 英里之外。

何麻温·卡塔加雅与营销 3.0 手势

不久后，何麻温就邀请我到雅加达演讲，带我参观了他的办公地点，把我介绍给一位极有天赋的营销员工。然后，他介绍我认识他的儿子迈克和女儿史蒂芬妮。后来迈克到凯洛格攻读 MBA（工商管理硕士），他是一名好学生。

令我印象深刻的是何麻温的热情以及他的营销原创思想。他创建了市场过程和生命周期理论。他的论文《市场概念的

18 个指导原则》被收录在沃伦·基冈的《全球市场营销管理》（*Global Marketing Management*）教科书中。何麻温的文章是对市场营销学科主要思想的深刻总结。

我也惊讶于何麻温与印尼政商界的广泛联系。在他的引荐下，我结识了总理、几位部长及其他的印尼社会领袖与政治要人。我还记得何麻温带我去见印尼的总统苏西洛的情形。苏西洛在问候致意后的第一句话就是，他读了我的《营销管理》两遍，一遍是当部长的时候，另一遍是成为印尼总统之后，他说

苏西洛

他将我的许多思想用来促进经济增长。

我跟何麻温成为最亲密的朋友，并且持续地与他进行思想激荡。我们合著了 5 本书。

1.《重新定位亚洲：从泡沫到可持续发展的经济体》（*Repositioning Asia*），菲利普·科特勒、何麻温·卡塔加雅，威利出版公司，2000。

2.《重新思考营销：亚洲的可持续营销企业》（*Rethinking Marketing*），菲利普·科特勒、何麻温·卡塔加雅、许丁宦、桑德拉·刘，普林蒂斯·霍尔出版公司，2003。

3.《吸引投资者：为你的事业寻找投资的营销方法》（*Attracting Investors*），菲利普·科特勒、何麻温·卡塔加雅、大卫·杨，威利出版公司，2004。

4.《思考东盟：重新思考面向东盟的市场营销》（*Thinking About ASEAN*），菲利普·科特勒、何麻温·卡塔加雅、许丁宦，麦格劳·希尔出版公司，2007。

5.《营销 3.0：从产品到客户到人性》（*Marketing* 3.0），菲利普·科特勒、何麻温·卡塔加雅、伊万·塞提亚万，威利出版公司，2010。

最后一本书《营销 3.0：从产品到客户到人性》，总结了营销实践经过的三个思想阶段。现实是大部分企业处于 1.0 阶段，少部分企业处于 2.0 阶段，极少数企业处于 3.0 阶段。处于 1.0 阶段的企业工作高效，它们因为比竞争对手向客户提供更高的价值而胜出。处于营销 2.0 阶段的企业在传递情感上胜出，它们通过出色的服务和情感共鸣与客户紧密联系。处于 3.0 阶段的公司走得更远，它们在关注客户之外，也表达了对世界的关注。这些处于 3.0 阶段的公司展现关怀之心，提供性价比高的产品，并且为重要的社会主题提供大量捐助。我们期待更多的企业走进 3.0 阶段。

《营销 3.0：从产品到客户到人性》

2011 年 5 月 27 日，我们在巴厘岛的乌布开办了新的营销 3.0 博物馆。博物馆隆重展出展现营销 3.0 意识的最佳营销者、最佳产品、最佳企业、最佳广告。

我的家庭和我非常高兴出席博物馆的开馆仪式。南希和我邀请我们的大女儿艾米，还有我们的两个孙辈乔丹和杰米跟我们一起飞到巴厘岛，加入规模达数千人的开馆典礼。我的孙子为现场的景象所感动，也为晚宴所感动，数百位印尼客人一起为我庆祝 80 岁生日。

我与印尼的关系还在继续。

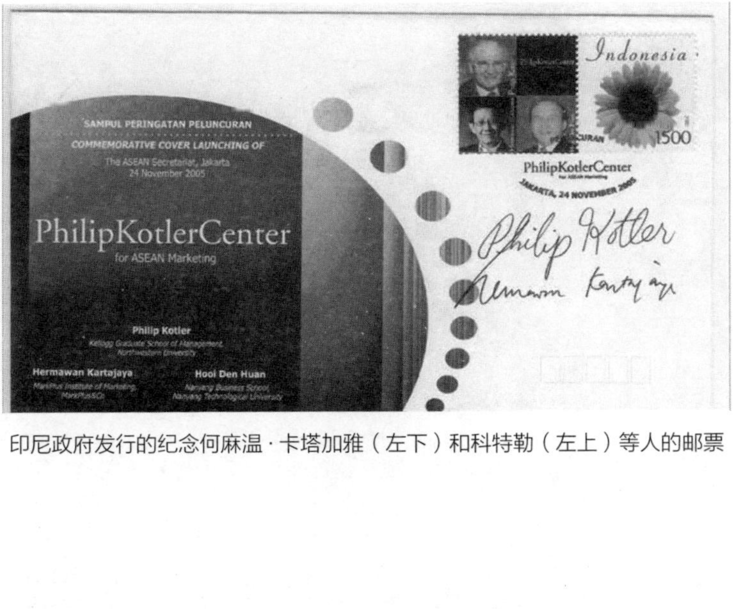


印尼政府发行的纪念何麻温 · 卡塔加雅（左下）和科特勒（左上）等人的邮票

## 第39个故事
# 泰国：国王之土

我对泰国的熟悉，不是因为几次拜访，而是因为一部关于泰国的电影——《国王与我》。这部电影由尤·伯连纳和黛博拉·蔻儿主演，给我留下了深刻的印象。它是一个有关西亚姆国王的爱情故事。国王邀请一位英国女教师来到泰国，教授国王的孩子，并且跟他们讲世界其他地方的故事。

泰国有6 500万人口，他们中的大多数信奉佛教，对游客非常友好，而且总是在笑。大部分的游客来泰国，是为了游览美丽的寺庙和曼谷风光，也有很多人是去清迈和普吉岛的。我认识的第一个泰国人是我的博士生索姆基德·贾图斯里塔克。我和南希都很喜欢他。不久后，我才知道索姆基德来自泰国一个非常有影响力的家庭，他的哥哥是泰国银行业巨子。索姆基德完成了一篇关于国际贸易的优秀论文，顺利毕业，拿到西北

《国王与我》剧照

大学的博士文凭后回到曼谷。

几年之后，他给我打电话，问我是该留在学术界，还是进入政界。我对比了他在市场营销领域所能做的贡献与进入政界为国家所能做出的贡献之间的大小，建议他进入政界，因为基于他良好的性格和知识背景，他有能力为泰国做出巨大的贡献。他进入政界后没几年，我接到一家泰国报社记者的电话，问我如何看待我的学生索姆基德成为泰国的财政大臣，尤其是他学习的是市场营销，而非财政。我回答说："绝大多数的财政大臣都失败了。泰国是第一个任命市场营销博士担任财政大臣的，这非常好。"我一直关注他的发展，听说索姆基德是泰国历史上最出色的财政大臣之一。我记得他开展了"一个村庄一个产品"计划，这样，每个泰国村庄都可以制造一些东西输出到泰国其他地区或是出口。不久以后，索姆基德得到晋升，担任泰国副总理——泰国政府的第二号人物。如今，索姆基德在曼谷领导了一个智库，致力于解决泰国的经济和社会问题。

几年前，索姆基德推荐了另一位泰国的天才学生苏威特·玛辛实到凯洛格攻读博士学位。我很高兴，事实证明苏威特是营销领域的原创思考者，他以新的视角系统化地扩展了我们对市场现象的理解。他加入我和索姆基德，成为《国家营销》（*The Marketing of Nations*）的第三作者。

后来苏威特回到曼谷，执教于朱拉隆功大学沙辛工商管理学院，但我们的友谊并未结束。我们多次聊到要一起写一本以新视角看待营销和资本主义的书。后来又发生了一些事情，我又回到泰国，与苏威特一起工作。

一位新业主加入了我在伊利诺伊格伦科的业主协会。他是来自曼谷的尤辛，他告诉我他从《营销管理》中学习了营销，很高兴与我相遇。不久后，他邀请南希和我去他的游艇，沿着

《国家营销》

黑山和克罗地亚的海岸巡游一周。我们与他的妻子拉达万及其他三对夫妇在克罗地亚海滨度过了精彩的一周。

尤辛拥有一家名为达伯埃的纸业公司，我在曼谷演讲时，他非常热情地招待了我。他带我参观他位于泰国北部美妙的植物园，介绍我认识泰国总理英拉·西那瓦。我们告诉英拉，未来我们想在曼谷举办世界营销峰会。我们会邀请许多杰出的市场营销和商业演讲者来到泰国，寻求帮助泰国经济发展的方式。总理觉得这是一个好主意，并且送上了她的祝福。

（从左至右）拉达万、尤辛、科特勒、法希姆·基布里亚博士

这时，我们又碰到了苏威特。苏威特也认识总理，因为他之前也是政府高官。他接受了与我们一起迎接 2014 年世界营销峰会的挑战。我觉得没有比我的学生更好的人选来筹划世界营销峰会了。

不幸的是，泰国自 2014 年 2 月陷入政治动荡。因为看起来抗议活动会持续数月，我们改变了在曼谷举行 2014 年世界营销峰会的计划，取而代之的是 2014 年 9 月 25 日的东京峰会。

## 第40个故事
# 巴西崛起

我的第一次巴西之旅有点非同寻常。我接到我的朋友哈佛大学教授史蒂文·格雷瑟的电话，他说他与同事罗伯特·布泽尔被邀请去里约热内卢发表营销演讲，希望我一起去。格雷瑟说我们都可以带上妻子，去著名的科帕卡瓦纳海滩度假。南希觉得这是个好主意，然后，我们三对夫妇就乘飞机从波士顿飞抵巴西。

我很了解巴西，更不用说那个著名的误会了——有一个出口商往巴西发货时使用了西班牙语。我知道巴西人说葡萄牙语，而非西班牙语。

抵达里约后，一位曾经游学哈佛的巴西百万富翁在他富丽堂皇的家中招待了我们一行六人，并把我们介绍给他的朋友们。除了为我们供应美味的巴西美食，他还请了一个歌舞团来表演，那个晚上的感觉太好了。

我们还在里约热内卢的海滩上进行日光浴，发明总结了巴西著名的5S，阳光（Sun）、桑巴（Samba）、性感（Sex）、足球（Soccer）、宝石（Stones），尤其是光彩夺目的斯特恩宝石。

罗伯特·布泽尔（左二）、科特勒（右二）、史蒂文·格雷瑟（右一）在里约

回到芝加哥后，我没想到那么快又会重返巴西。没几个月，我就接到一个来自巴西的陌生电话。一个叫何塞·萨利比的人邀请我去圣保罗进行一天的市场营销讲座。我很礼貌地告诉他，从芝加哥到圣保罗路途遥远，我没有长途旅行的打算。

我的演讲之约多在伦敦、法兰克福、维也纳、瑞典，这些地方要近得多。何塞提出了很可观的报酬，但我觉得这还不足以打动我花三四天时间去飞一个往返，做一场讲座。后来，他问了我一个有趣的问题："您打网球吗？"我说"打"。何塞说他是"排名第 19 位"的网球选手，我没太搞清楚他说的是指世界排名还是巴西排名。他说如果我来巴西，他愿意额外给我一周的网球教练课。这打动了我，于是我开始了我的第二次巴西之旅。当然，之后还有十几次。

科特勒和何塞·萨利比（右）

何塞是一位特别的企业家。他是从纽约的一个电话亭打的邀请电话，差点儿没钱打完这个电话。后来，他和其他人共同组建了颠覆演讲世界的 HSM 公司（他是那个 S）。他格外关注演讲者、听众和赞助商的幸福感受，确认自己的确为他们创造了价值。他为会议的出席者提供免费的国际机票，甚至安排了一个叫阿米尔的健康保险商为会议提供救护车和护理服务。

何塞开始邀请著名的演讲者，比如杰克·韦尔奇、路易斯·郭士纳、约翰·钱伯斯、汤姆·彼得斯、阿尔文·托夫勒、吉姆·科林斯等。HSM 公司举办了一个年度盛会，吸引了 5 000 名商界人士参加，包括许多巴西企业的首席执行官。我每隔几年作为特约演讲嘉宾出席会议，我很高兴看到巴西由一个发展中国家变成一个更加发达的经济体。何塞还邀请我到其他的巴西城市和南美国家演讲，比如阿雷格里港、福塔雷萨、阿根廷和乌拉圭。我的观点是，巴西企业需要像运用销售思维一样，去采纳卓越的市场观念，将其运用于销售更多的产品和勾画未来的商业图景，发现市场机会，切实做到聚焦于用户。如今，巴西被列为金砖四国之一，经济高速增长。我相信何塞和他的 HSM 公司对于巴西的发展做出了一定贡献。何塞最近忙于在圣保罗创办一所创新性的商学院，并在巴西其他城市开办分校，以这种方式助力巴西未来。

我与何塞合作的一个副产品是他力促我写成一本关于体育营销的书，他和巴西人都热爱运动。我担起了这个重任，与我的同事雷恩教授和希尔兹教授共同写了《难以捉摸的粉丝》（*The Elusive Fans*）一书。我们书中指出体育运动队为它们的用户和

（从左至右）本·希尔兹、埃尔文·雷恩、科特勒

粉丝所做的考虑少得可怜。绝大多数体育运动队在任何一个赛季肯定都会输，对它们来说，重要的是让粉丝们一整年都对它们感兴趣。芝加哥小熊棒球队很少赢得冠军，但小熊队拥有最庞大的粉丝群。球队经理和球员花时间与粉丝们见面，请他们献计献策，球迷们被调动起来了。

如你所见，我崇拜了不起的何塞·萨利比，因为他为巴西所做的努力及长久贡献。

第41个故事

# 墨西哥与孩子邦

## ——帮助孩子成长为优秀公民

我每年都去墨西哥演讲。墨西哥有1.17亿人口，这还不包括3 200万并不住在墨西哥的墨裔美国人。仅墨西哥城这个大都市就有2 300万人口。所以，我向一位墨西哥的听众建议，墨西哥不用再关注金砖国家（BRIC）这个话题了。墨西哥可以讨论MIST国家，即墨西哥、印度尼西亚、韩国、土耳其，因为这些都是比较大的国家，它们的GDP与一些金砖国家相同，甚至比这些还高。也许，我们可以管这些重要的国家叫BRICMIST国家。

墨西哥未来的发展有许多积极因素。它的人口年轻，培养了大量的工程师，也有许多企业家。美国人在墨西哥有很多投资。墨西哥正在重振制造业。Grupo Bimbo①、Grupo Modelo②、Televisa③ 这些墨西哥公司的业务都拓展到了美国，并且在往其他国家拓展。

墨西哥是美国南边的邻居。我经常去墨西哥城和蒙特雷发表演讲。我喜欢参观博物馆，看墨西哥古代的雕刻艺术品。我喜欢顶级墨西哥餐厅里的美味佳肴。

许多墨西哥学生到凯洛格求学，攻读工商管理硕士学位。当我去墨西哥参加讲座时，每隔一两年，我都会与凯洛格的墨西哥校友聚会。在这里我要讲讲我最喜欢的一个墨西哥学生，他认真对待了我向商业界的号召——利用商业和营销创造一个更美好的世界。

23 年前哈维 · 洛佩兹是我的学生。最近 15 年以来，哈维创建了一个叫“孩子邦”的了不起的主题公园。孩子邦像迪士尼乐园一样，为 4~14 岁的孩子们提供游乐设施，创造欢乐。大部分 4~14 岁的孩子对于世界如何运行所知甚少，父母早上离

① Grupo Bimbo 即墨西哥宾堡集团（BIMBO），是美洲第一，全球第二大的烘焙食品生产企业。——编者注

② Grupo Modelo 成立于 1925 年，是墨西哥最大的啤酒商，后被全球最大啤酒商百威英博啤酒集团以 210 亿美元收购。——编者注

③ Televisa，是一家墨西哥的多媒体大众媒体公司，是拉丁美洲和西班牙语世界最大的大众媒体公司。——编者注

家上班时，孩子们不知道他们去做什么。孩子们没有想过长大要干什么工作，从学校出来后要做什么，不了解这个世界上绝大多数工作、职业、专业的内容，然而，他们原本是可以接受相关的学习和培训的。

孩子邦创始人哈维·洛佩兹（左）和科特勒

参观孩子邦的孩子可以在装瓶厂或其他的工厂工作，学做糖果、麦片、巧克力、糕点和果冻。他们可以选择在银行、美容院、医院、酒店、兽医诊所、广告公司、报社、电台或电视台工作。那里还有孩子们工作的警察局、消防站、监狱、法院和市政厅。还包括一个迪斯科酒吧、剧院、烹饪学校、造型工作室、艺术学校和大学。孩子邦每天可接待 3 600 名游客，每年吸引 80 万游客。

我看到一群穿着医生制服的孩子在虚拟医院给一个假体病人诊疗，有一群孩子在法庭上正在进行一场针对被告的审判，控方、辩方律师、法官和证人一应俱全，还有一名年轻的市长在向议会发表演说以推动对一项议案的投票。我还看到一个年轻的消防员正对一个着火的建筑喷水，有一些孩子在学习如何照顾狗，给它刷牙及训练狗，还有一群孩子在学习给汽车换轮胎、开超市或是开餐馆。

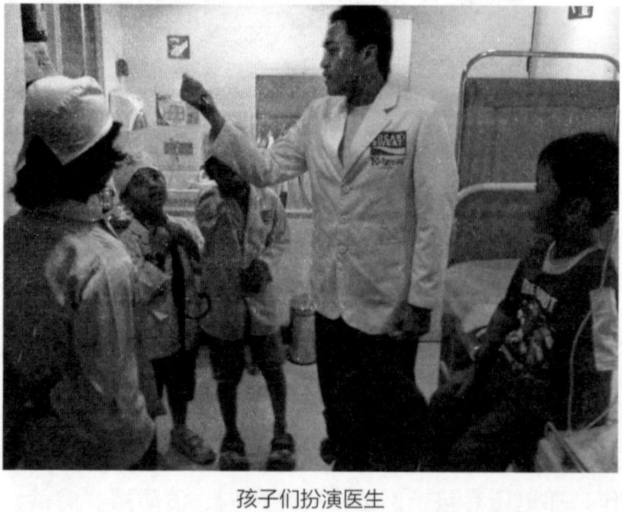

孩子们扮演医生

孩子们在学校不会经历这些。孩子们学读写，学数学、地理、历史，但没有时间去接触工作的世界、娱乐、公民生活等。孩子邦为孩子们提供了这些缺失的经历。

哈维 1999 年 9 月在墨西哥的圣塔菲开了第一家孩子邦。哈维招人、筹钱、设计公园，在城里最好的购物中心租场地，那个购物中心有 300 家店，能停 5 000 辆汽车。我在那里看到孩子们自主选择职业。现在，孩子邦占地好几英亩[①]，设计了许多小建筑，类似医院、旅馆、银行、电视台、警察局、消防站、法庭、烹饪学校、模特工作室等。

哈维告诉我，孩子邦的目标不仅是提供有趣的工作经历，还能帮助孩子提升需要理解的五个方面的意识：

一、孩子们需要学习如何认真开车，掌握修汽车或是修摩托车、自行车的基本知识，他们在孩子邦能学到这些。

二、孩子们需要学习保护水资源的重要性，以及一个城市的水资源系统是如何运作的。

三、孩子们需要想象他们在一个有选举、立法、法官等的民主社会里，他们是有选举权的公民。

四、孩子们需要践行可持续发展的行为，懂得废物的回收和利用。

五、孩子们要尊重遇到的与自己不同的人，尤其是那些残

---

① 1 英亩 ≈4 047 平方米。——编者注

障人士，比如盲人、失聪者、瘫痪者和老人。

早上九点，父母和学校老师带孩子们来到孩子邦。到了之后，孩子们领取护照、签证、登机牌、通行证和虚拟货币以购买不同的物品和服务。每个孩子都戴上手环以定位其在城市中的位置，参与了什么活动，进了什么商店。在任何时间，父母和老师很容易就知道哪个孩子在哪里。

现在 11 个国家有孩子邦，还有十多个国家已经在规划。这是哈维·洛佩兹及其团队的使命所在。如今孩子邦所在的城市有墨西哥的圣塔菲和蒙特雷、日本东京、印尼雅加达、日本甲子园、葡萄牙里斯本、阿联酋迪拜、韩国首尔、马来西亚吉隆坡、墨西哥奎奎尔科、智利圣地亚哥、泰国曼谷、科威特的科威特城、埃及开罗、印度孟买，世界上还有其他 9 处正在开发中。

我必须相信那些去过孩子邦的孩子——还有人去了很多次，因为有很多东西可以看可以做——比那些没有去过的，未来更有可能成为一名更好的公民。让贫穷的孩子或来自孤儿院的孩子来孩子邦经历一下非常重要。希望孩子邦的经历可以引领更有能力、更加聪明的一代儿童和成人出现。

所以，你能理解像我这样一个商学院教授的感受，当他的学生成为一个大型跨国公司的首席执行官，就像哈维·洛佩兹那样，因为他所做的事情会令世界更美好，这一点令我自豪。

## 第 42 个故事

# 意大利的痛与潜力

我一度想游历全世界，每个国家至少一次。当我发现世界上有近两百个国家时，我放弃了这个主意。我意识到多去少数几个国家几次，比如说意大利，远比访问更多的国家有意义。只看了佛罗伦萨和威尼斯，我不敢说自己去过意大利。意大利还有很多其他拥有珍稀瑰宝的城市，它们的艺术和文化深深吸引着我，令我欢欣。意大利成为我去得次数最多的国家之一。

有人曾经问我："哪个国家对西方文明的知识和美学贡献最多？"我能想象有人会提名古希腊，因为古希腊的哲学家们对于真、善、美的本质提出了那么多深刻的观点。有人说是法国，18 世纪法国为优雅树立了那么高的标准，以至俄罗斯帝国的彼得大帝都热切地模仿法国。一定有人提名德国，德国有那么多伟大的大学，那么多的研究突破，更别说数不清的伟大作曲家，比如巴赫、贝多芬、勃拉姆斯和莫扎特。而英国人会主张莎士比亚的戏剧是史上最伟大的文学作品。

哦，朋友们，我要投票给意大利。意大利人在体现人类之卓越的许多领域都做出了精彩的贡献。如果没有米开朗琪罗、贝尼尼的雕塑，达·芬奇和米开朗琪罗的绘画，普契尼和威尔第的歌剧，我们的生活将会变成什么样子？如果没有伽利略、亚历山德罗·伏特、伽利尔摩·马可尼、恩里科·费米，我们的知识和科学会是什么样？如果没有菲拉格慕、古驰、阿玛尼以及其他的意大利服装纺织品和鞋包皮革，我们的服装穿着将会是什么样子？如果没有意大利面、比萨、烩饭，我们的生活会是什么样子？如果我们不认识索菲亚·罗兰、吉娜·罗洛布里吉达，我们如何定义美女？

索菲亚·罗兰

吉娜·罗洛布里吉达

11 年来，每年我的朋友彼得罗·圭多都会邀请我为米兰的商业社区举办一场全天的市场营销工作坊。彼得罗曾在意大利的知名企业蒙特迪生公司工作，但最后离职，投入管理教育行业。他为我带来的商业听众有时候是几百人，有时甚至是上千人。他相信我能为意大利的商业社区带来对于市场营销的丰富理解。

彼得罗·圭多（左）和科特勒

彼得罗·圭多（左一）
与何塞·萨利比（左二）等人

每次我到米兰，彼得罗就会来接我。我的第一个问题往往是关于意大利经济。"彼得罗，意大利经济今年的麻烦有多大？"我们用 10 分的量表来为意大利经济的问题打分。很多年，彼得罗的打分都在 5 分到 7 分之间。随着时间推移，他变得越来越悲观，会打 8 分到 9 分。"你为什么不去其他经济没有困扰的国家？"我问。他回答："尽管它有那么多的缺点，但我还是最爱意大利。”

赞助了那么多演讲者之后，彼得罗也开始写很多书，其中一本是《营销的终结》。在另一本书中，他主张意大利实际上是三个国家，应该各自分开：意大利的北方赚钱，南方败光了所有的钱，罗马及政府拿走了所有的钱。

我还记得彼得罗第一次邀请我到他家吃饭的情形。走进去之后，我简直不敢相信自己的眼睛。杰出的印象派时期的画作满满地挂在墙上。我认识的有毕沙罗、德加、雷诺阿、西斯莱。我说：“彼得罗，你需要有个专职守卫来保护这些画作。”“不用，”他回答道，“这些是我自己画的。”我还不知道他是一个画家，能够完美复制任何他感兴趣的画作。最后，他送了我一张毕沙罗的作品，我把它挂在了我的办公室。

当我说意大利对西方文明贡献甚多之际，我知道我忽视了亚洲对世界的贡献。我们的生活之所以变得如此美好，大部分来自中国、日本、印度和其他亚洲国家的贡献。对于如何过上更好的生活，西方越来越应该向亚洲寻找答案。

第 43 个故事

# 国家建设的经济性与艺术性

大部分国家从来没能发挥它们的最大潜力，以达到极致。

这个说法不仅适用于经济崩溃国家，比如海地和也门，也适用于正在挣扎的国家，比如朝鲜和老挝。对于很多完成工业化的国家同样如此，比如意大利、西班牙、葡萄牙和希腊。你甚至可以怀疑美国是否发挥出了它的全部潜力，它有 15% 的人仍生活在贫困之中，有 30% 的高中生毕业后上不了大学。

达到极致的国家是什么意思？每个国家都有自然资源，其人民都继承了某种历史、文化和天资。那个国家用好了它的人力资源与自然资源吗？它的人民有强烈的愿望并且努力达到其潜力上限吗？在几乎所有的情形下，答案都是“没有”。

经济学家提出了一整套理论——经济发展理论——来帮助国家做得更好。有些发展经济学学家强调资本形成以提高劳动生产率。有些强调国际贸易，认为一国要努力做到出口大于进口。有些从人力资源发展上寻找答案，认为教育和培训会为一国公民带来富强和繁荣的技能。还有些人认为一个国家的经济发展关键在于企业家，因为企业家们能够创办企业，提供就业机会。

为了促进世界经济增长，两个国际组织发挥了重要作用，即世界银行和国际货币基金组织。还有一些中央银行在成功帮助国家经济发展中扮演着重要角色，比如美国的美联储、德国的德意志银行、欧洲中央银行。它们的职责是规范和促进地方、国家及区域的借、贷、投资等商业需求。好的银行体系和业务活动对于帮助一国发挥其经济潜力至关重要。但银行有时无法发挥其职能，因为有时银行要么拒绝满足企业增加贷款的需求，要么在授信方面过于慷慨。中央银行必须在这两个极端中为经济掌舵。

2005 年，我与索姆基德和苏威特合著了《国家营销》，阐释可以用于提高国家经济表现的经济力量。我意识到，想要使一国经济达到其潜力上限纯粹依靠经济发展是不能解决问题的。完美的经济理论往往被政治因素、地理因素、文化因素所扭曲和击败。贪婪、腐败、裙带主义和文化冲突会阻碍国家努力达到其经济潜力。“阿拉伯之春”的国家，像利比亚、埃及、突尼斯，受到很多问题的困扰，如果它们想取得一些进步的话，就需要一部新的宪法，并实行法治。

我今天意识到，治理一个国家是多么复杂。一国之内的不同既得利益集团如何才能达成共识？一国如何才能以其技术进步和深入的全球化适应迅速变化的世界？尤其是考虑到一国的未来在很大程度上由其所依赖的国外市场、国际资金和国外的石油所决定。甚至，思考一国控制自己的命运这个问题有意义吗？对于意大利、西班牙、希腊、法国和任何其他欧元区国家来说，它们都处于欧洲央行的督导之下，自主性何在？对于经济增长依赖国外投资的发展中国家和新兴国家，自主性又在哪里？

没有一个国家能够完全独立于世界之外。当今国家存在和运行于一个复杂的网络之中，它们相互依赖。但我希望每个国家最后都能找到达成其目标的适当途径。我被不丹国王的故事打动，他不仅告诉人民他的目标是提升他们的幸福感，而且还发明了一套测量幸福的指标体系。这样，他就能看到 GDP 和幸福指数是否同步增长。如果两者不能协调发展，国家必须决定聚焦于哪一个，是更多的产出，还是更多的幸福。

第 44 个故事

# 超级城市，经济发展的推动力量

1973 年，理查德·巴纳特和罗纳德·缪勒出版《全球化：跨国公司的力量》（*Global Reach:The Power of the Multinational Corporations*）。两位作者批评了跨国公司的增长与力量及其在美国对外扩张、帝国建设和殖民化中扮演的角色。他们认为跨国公司的产生是为了剥削其他国家，它们会令富国愈富，穷国愈穷。作者主张遏制美国及其他国家的跨国公司不受限制的扩张。

假如他们的建议生效，世界上那些经济弱势国家会变得更穷，而不是更富。事实上，让发达国家与发展中国家之间发生商业和贸易，欠发达国家会得到提升。发展中国家需要资本和投资，若阻止资金流入，它们只能继续贫穷下去。

经济增长的真正驱动力，与其说是国家，不如说是超级城市和中心城市。全球经济活动主要发生在600个超级城市，比如北京、东京、伦敦、圣保罗、墨西哥城和雅加达。10个美国的城市：纽约、旧金山、迈阿密、波士顿、芝加哥、达拉斯、休斯敦、亚特兰大、洛杉矶和西雅图贡献了相当数量的美国GDP。顶尖的欧洲城市，如伦敦、法兰克福、柏林、巴黎、日内瓦和米兰也为欧洲的GDP贡献了可观的份额。如今印度54%的GDP是在10个城市中交易的。在中国，每个月有300万人迁入超级城市。

如果GDP越来越集中于超级城市和它的卫星城，那么市场营销必须从聚焦于国家GDP的大众营销转向专注于超级城市及中产阶层的营销。这些超级城市和它的卫星城在投资、贸易和消费方面是全球互连互通的。

超级城市可以被视为“准国家”或“城邦”。揆诸历史，在11世纪，包括威尼斯、米兰、佛罗伦萨、热那亚、比萨、锡耶纳、卢卡和克雷莫纳在内的许多城市都是大型贸易城市，具有很强的独立性。

超级城市必须与一些集团形成积极的、相互满意的关系，这些集团包括国家权力中心、作为竞争对手或同盟的其他全球中心、国际组织（世界银行和国际货币基金组织）、大银行和跨国公司。超级城市必须学会在不同的关系和机会中进行沟通协商。它们需要学会如何与企业家一起工作，与那些协助或反对它们政策的公司合作。

如果经济发展在很大程度上是掌握在超级城市手里的，那么国家扮演什么角色？有人会问一个更基础的问题：为什么需要国家发挥作用？一群超级城市无须成为国家的一部分是否能更好地实现目标？国家有权征税及根据政治妥协和权力差异在社区之间分配资源，国家的存在为经济发展增加了何种益处？

答案是国家创造了许多好处，这些好处在孤立分开的城市是无法获得的。国家可以将资源从富有社区转移到贫弱社区，我们称之为国家政府的再分配功能。国家具有优秀的历史功绩，产生了杰出的领导人，人们以他们为荣，把他们作为榜样，我们称之为国家政府的英雄功能。我们知道一些国家的人民是如何称呼他们国家的，德国称为祖国，俄罗斯称为母国，他们从中获得认同和意义。国家的存在还有其他的目的，比如防卫功能，城市会受到外部贪婪者的进攻，所以需要与其他的城市一起加入国家，共同防卫。

遗憾的是，世界上绝大多数人口在历史上受制于各国政府。大多数欧洲国家是由那些维护一己私利的君主和贵族统治的。多数公民生活于封建制和勉强存活的状况下，更别说促进自己的幸福。一国公民应当参与讨论决定他们命运的观点，也就是民主的观念。民主的观念，产生于雅典民主制建立的 2 000 年后，即美国独立和法国大革命后。

中心城市如何决定自己的命运？很明显，每个中心城市聚合了它的主要力量团体一起工作，为城市经济增长的愿景努力。它的力量团体包括城市里的主要公司、银行、酒店、媒体和社区组织。每个中心城市与国家形成关系，与国家的其他中心城市形成关系，与国内的食物供应城市和资源地形成关系，还与其他的国家尤其是他国的中心城市及国际组织形成关系。

在选择进入某个中心城市的时候，全球化企业扮演什么角色？全球化企业进入新区域，比如亚洲时，首先要选择一个国家，然后是选择该国的一个中心城市作为地区总部。在亚洲，香港和新加坡通常是首选之地，因为这些城市交通便利、信息发达，银行和服务较好，政治也高度稳定。所以中心城市吸引相关企业兴趣和资源的能力是城市增长的关键所在，甚至比从自己所在国家争夺资源更重要。

中心城市为了吸引国外的资源和资本，也要相互竞争，它们的竞争优势体现在提供免费的土地、税收减免、高质量的生活保障等。中心城市通过兴建足够的基础设施，比如机场、高速公路、电信网络、电力网络来提升自己。本质上，中心城市需要自由、机会和激励以建立自己的权力和品牌，最终这些的实现也有助于国家作为一个整体的成功。米尔顿·科特勒和我在《营销的未来：如何在以大城市为中心的市场中制胜》一书中分析了中心城市与跨国公司间的关系问题。

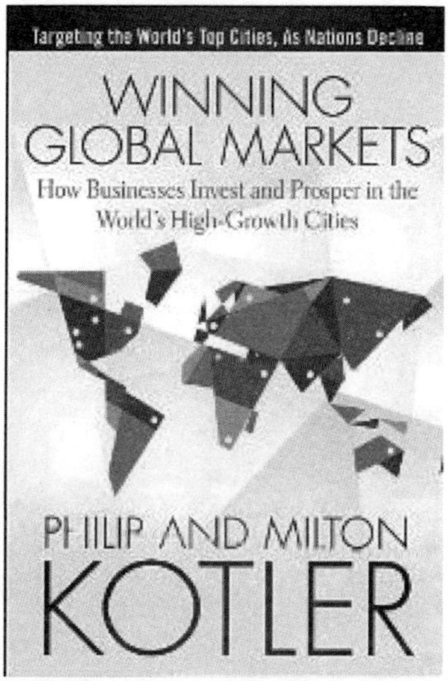


《营销的未来：如何在以大城市为中心的市场中制胜》

第45个故事

# 肖陶扩，纽约州的精彩之地

每年6月中旬，我和南希会收拾衣服和其他用品，开车去纽约肖陶扩湖的肖陶扩开始每年的9周旅居生活。而其他的家庭会选择去鳕鱼角、威斯康星州、密歇根或其他吸引大拨暑期度假人群的地方。

为什么选择肖陶扩作为我们的夏季休闲度假之地？肖陶扩在哪里？有什么特别之处？肖陶扩是紧挨着肖陶扩湖的小镇的名字，在大纽约的西北方向，距离布法罗大约半小时的车程。1874年，有人开始定居在肖陶扩，不久，定居者们就邀请演讲嘉宾为这一区域的人们普及教育。曾经这一地区一度兴起学园运动，号召演讲者和传道者下到美国的城镇。多年来，许多名人，比如马克·吐温、西奥多·罗斯福、富兰克林·罗斯福都曾在肖陶扩演讲。每天晚上，这里都有特色活动，肖陶扩交响乐团、北卡罗来纳舞蹈剧团，或是其他的戏剧演出等。

过去的50年里，肖陶扩一直在举办为期9周的暑期活动，包括演讲者的演讲、艺术家的表演以及不同的宗教活动。每周都有一个不同的主题。下面是2013年暑期活动其中一周的主题。

1. 我们的优雅宇宙
2. 下个伟大的一代
3. 1863年的美国
4. 市场与道德：重新构建社会契约
5. 追求幸福
6. 犯罪与惩罚
7. 外交
8. 土耳其：中东的模范
9. 卫生保健：改革与创新

下面是我在这里的典型一天的活动。

2013年6月24日

上午 10：45

南希和我以及其他 4 000 名游客到肖陶扩的露天剧场去听哈佛大学的布莱恩·格林的一场精彩演讲，他是《隐藏的现实》（*The Hidden Reality*）一书的作者。布莱恩解读了爱因斯坦追寻宇宙统一的理论。他描述了其他的科学家为了追求这一梦想，提出了大爆炸理论、量子理论、弦论、暗能量与物质以及其他物理现象的理论。

下午 2：00

我们出席耶鲁大学玛丽·塔克的座谈会，主题是关于她的电影《宇宙的旅行》。

下午 3：30

我们听普林斯顿大学安·基什纳博士的演讲，题目是《牧场里的女性：美国拓荒的教训》。

下午 5：30

我们去电影院看电影《宇宙的旅行》，了解宇宙的进化，以及因其面临破坏环境的不受管制的力量而导致的脆弱性。

晚上 8：15

出席一场由百老汇的两个演员演出的音乐会。

上午 10:30，肖陶扩露天剧场的演讲

类似这种活动在 9 周里天天都有。通常，某一天，我们要是觉得听腻了，就会坐在门廊下小憩，看看风景，或是听听音乐，或者离开人头攒动的讲座，去玩帆船、游泳、打高尔夫、打网球或是进行其他体育活动。

肖陶扩可以被视为在一个美丽的环境中提供终身教育的基地。这里充满生机，我们完全沉醉其中。

最让人兴奋的一点是，我可以跟我的孩子和孙辈们一起度过 9 周的时光，我的二女儿梅莉沙，她的两个孩子奥利维亚

（17 岁）和山姆（13 岁），还有哈瓦那犬路易和我的女婿史蒂夫和我们在一起。

所以，9 周假期返回后，我们简直成了行走的话题和趣闻百科全书，可以尽情与亲朋好友们分享。

奥利维亚·舒瓦茨

山姆·舒瓦茨

第 46 个故事

# 名声的苦与乐

作为营销人，许多想要当演员、歌手、音乐家的人来向我寻求帮助，问如何才能更有名。他们想变得有名或是更有名，他们想要营销计划，一个品牌打造计划。

他们为什么想要名声？一位女歌手可能想向更多的观众展现她的美妙歌喉，或是接触更多的人、吸引更多的崇拜者，或者是增加收入。为什么不试着成为芭芭拉·史翠珊、麦当娜和 Lady Gaga（美国女歌手、演员）呢？这些女明星住着豪宅，受到粉丝们的拥戴，过着风光无限的生活。但任何一位年轻女歌手应该清楚，巨大的成功和名声也有不为人知的黑暗一面。她的成功意味着隐私和匿名性的丧失。她的脸成了公共财产。人们会观察她、跟踪她，恳求她的签名，请求拍合照。无论她在哪里，狗仔队都会紧追不舍，大肆拍照。

她需要保护以应对各种入侵。她需要经纪人以挡开众人。经纪人知道哪个酒店合适，哪个餐厅的角落可以避开众目、安静就餐。她需要戴着太阳镜，穿着低调以免被认出。她还将面对更深层的心理挑战。大众媒体将会把她作为一类人的典型代表。她成了一个品牌，公众希望她不要辜负她的个人品牌，尽管她的公众形象与私下的形象可能不一样。

著名的小说家诺曼·梅勒说，媒体选择把他作为硬汉的代表，所以，在公共场合，他会保护这个角色，这样大众会继续如此看他。他的真正自我截然不同，然而，他必须扮演他的公众角色。在心理上，他的真正自我可能变得反而不太像他。

我记起哈佛心理学家理查德·阿尔珀特的经历。阿尔珀特曾经改名为拉姆·达斯，变成了一名印度教徒，他穿着印度长袍，凭借他的睿智以及与囚犯和病人共事而成为传奇。某一天，经过多年思考后，他决定剃掉胡子，穿回西装。突然之间，他没有粉丝了。他不再是他的粉丝们心中的那个符号。他只是另一个西方人。

在跟踪名人生活的时候，我与欧文·赖因和马蒂·斯托勒一起研究并共同撰写了《高度曝光：将专业人士打造、营销成名人》（1987 年出版，1998 年、2006 年两次修订）。我们的主要目的是为那些想出名的人提供营销指导。我们把“名人产业

理查德 · 阿尔珀特

《高度曝光：将专业人士打造、营销成名人》

化”描述为一个由经纪人、个人经理人、推广者形成的帮助人们出名的产业。他们将某人作为可以提升和推广的产品，推送到恰当的渠道，一旦此人地位显赫，即提高他（她）的定价。

一位年轻女歌手可能首先会注册并参加一个业余的才艺大赛，希望自己表现出色，并且引起经纪人的注意。她可能在一个小俱乐部得到一份唱歌的工作。她可能在一个小型的脱口秀节目上做访谈，最后被邀请出席千万人观看的大型脱口秀节目。芭芭拉·史翠珊就是这么出名的，那时她被知名主持人约翰尼·卡森邀请在《今夜秀》上演唱，观众被她的表演征服。芭芭拉之后过着童话般的生活，开音乐会，拍电影，并且支持因各种原因而需要帮助的人。

回看过去，芭芭拉会后悔选择的这条路吗？我对此表示怀疑。那么多的快乐，吃一些苦也是值得的。她用自己的宝贵声音给成千上万的人带去快乐，让他们的生活更有滋味。

很多人的知名度只传播在有限的地域和专业领域，比如芝加哥最有名的人身伤害辩护律师，洛杉矶最有名的整形外科医生，甚至可以是伊利诺伊小城皮奥里亚公认最好的木匠。他们在本地赢得尊重，是话题人物，但可能无法吸引疯狂拍照的人群和签名追求者。他们的脸不为公众所熟知。他们可以与家人和朋友过更加平静的生活。我记得小说家格雷厄姆·格林曾经说，他很高兴人们不认识他的脸，否则的话，他就会跟电影明星一样了。

我一直被问是否为自己制订了一个营销计划以变成知名的市场营销教授。没有。我只是享受关于市场营销及其他主题的思考、研究、写作。名声大部分来自努力做自己所爱的工作，并且有杰出的表现。

第 47 个故事

# 新经济中的创新与颠覆

长期以来，我对创新很感兴趣。我们经历了技术、社会、经济、政治的翻天覆地的变化，这些在 50 年前都是难以想象的。我们的生活被计算机、微波炉、避孕药、智能电话、互联网、机器人、纳米技术、新药和外科手术改变着，所有的这些都是近年的创新。

我首次对创新进行系统研究是与西班牙巴塞罗那 ESADE 商学院[①]的天才教授费尔南多·特里亚斯·德·贝斯一起的。我们都认为，创新者必须更多地进行横向思考而非纵向思考才能创造新想法。麦片生产商凯洛格总想推出新麦片（纵向思维），它应该想着用麦片做点别的什么（横向思维）：在麦片里加一

① ESADE 商学院成立于 1958 年，是西班牙三大商学院之一，也是欧洲顶尖的商学院之一。——编者注

根糖棒或能量棒怎么样？在酸奶盒的顶上加一个小杯子，杯子里装一些麦片，在喝酸奶时可以加进去，怎么样？

我们受到了横向思考与博诺“跳出盒子”的影响，还有他的书《横向思考》（*Lateral Thinking*）的启发。最终，我们出版了一本书《横向营销：找到产品、市场以及混搭创意营销的新方法》（*Lateral Marketing: A New Approach to Finding Product, Market, and Marketing Mix Ideas*）。费尔南多之后受到雀巢的邀请，用我们的新方法论来帮助雀巢咖啡的营销找出新点子。整个雀巢集团产生了50多个点子，其中的一些点子非常有吸引力。

科特勒和费尔南多·特里亚斯·德·贝斯（右）

费尔南多和我都认为接下来的任务是帮助企业变得真正有创造性。但使用不同的创新方法去寻找创意是一回事，在公司的意识中融入创新的基因则是另一回事。我们意识到在创新性的组织中，需要好几种角色：有些人提出新想法（激活者，Activator）；有些人必须检验这个想法是不是原创的，令人激动的（审视者，Browser）；有些人需要将这个想法变为可供测试并证明有价值的概念（创造者，Creator）；有些人需要将这个想法变成一个实物样机或是商业模式（研发者，Developer）；总是需要有人能够推出新产品和新业务（执行者，Executor）；有些人需要为所有的这些过程提供资金（资金方，Financer）。如果你看到这 6 个角色的首字母，我们可以把它称作创新的“ABCDEF 模型”，或者是创新的 A—F 模型。

我们需要列出从 A 到 F 每个角色所需要的工具和技能，以及每一对应角色之间的关系。我们在新书《赢在创新：A—F 模式》中表达了这些内容。

关于创新，有趣的是它本质上是颠覆性的。著名经济学家约瑟夫·熊彼特认为创新包含“创造性的破坏”。之后，克莱顿·克里斯坦森围绕“颠覆性创新”进行了大量的写作，以许多案例进行了说明。一项新技术最初出现时可能对现有商业没有威胁。它也许更便宜，但用起来没有那么好，只是一小群寻求更低价格的购买者有兴趣。如果颠覆者聚集到了足够多的用户，获得了利润，颠覆者就能利用利润去提高技术的成效或是进一步降低成本。

《赢在创新：A—F 模式》

地位稳固的公司会放弃低利润项目，专注于生产高利润的项目，就像钢铁工业曾经发生过的那样，小钢铁厂一开始只侵入大钢铁厂低毛利产品的空间，但这种状态不会停下来，创新者越来越好，最后会侵入大公司更多的利润空间。如今，我们很少听说伯利恒钢铁公司或美国钢铁公司，而它们曾经都是钢铁工业的巨人。在大部分的历史时期，产业变化缓慢，但今天的产业遭受更快频率、更严重的颠覆。有什么产业能免于被颠覆吗？你所在的产业是下一个被颠覆的吗？如果是，你能怎么办？

柯达曾经期待在胶片产业中永远领先，因为胶片是捕捉和呈现图画的唯一介质。柯达输了，败于数字时代的力量。如今，每张图片是由你的相机里一组 0 和 1 的数字捕捉的，你可以从你的计算机里立刻打印出图片。

我们见证了数字革命对音乐产业（通过 MP3 和点对点共享）、电影上座率（下载电影）、书店（下载电子书）以及报纸（读者日益减少）的伤害。

最新面临不确定未来的是我们的高校，威胁来自在线课程，有些课程是由这个国家最好的教授讲授的，他们来自哈佛大学、麻省理工学院、斯坦福大学及其他知名院校。如果许多课程不必到课堂学习，学生们还会每年花 45 000 美元的学费学习四年以获得一个学位吗？学校里很多课也是在教室或寝室看录像。互联网和谷歌搜索可以为任何学生在需要学习的领域提供帮助。越来越多的学校引进了在线资源，这样可以削减成本。顶级大学会因其豪华校园继续蓬勃发展。但许多边缘学校可能必须关门。一些颠覆者的目标是推出一年 10 000 美元的 MBA 课程。

互联网对既有商业的重建才刚开始。想想共享消费的崛起吧，房主、车主以及其他固定财产所有者开始将房子、车子等其他个人物品租给陌生人。在爱彼迎（Airbnb）上，有一长串的房主愿意把家里的房间以比旅馆便宜得多的价格出租。人们可以上 Relay Rides（一家汽车共享平台）去租用别人的私家车，否则放在那里也是闲着。甚至有的人买了很多车，就是为了在 Relay Rides 上出租赚钱。这种做法正在蔓延，消费者们从别人那里可以租阁楼、割草机、停车位、快艇和其他的东西。这对制造汽车、快艇和其他设备用来出售的公司来说，不是好兆头。人们越来越希望可以使用某种东西，而非拥有产权。与购买相比，这肯定会降低他们的成本。

另一大颠覆现象是新商业模式的出现。创新远不止创造新产品。当弗雷德·史密斯创立联邦快递时，美国邮政就应当警惕。它成功了，因为很多人愿意多付点钱在第二天早上十点半前收到信件。当英格瓦尔·卡普雷德推出宜家时，家具商店就应当注意到这个提供低价高质家具的新厂家。当莱昂纳多·里吉奥推出更大的巴诺书店时，小书店就应当意识到，由于这个大块头的入侵，它们会失去大部分的客户。当杰夫·贝佐斯创立了亚马逊在线卖书和在线下载图书时，连莱昂纳多·里吉奥也要注意这种新业态对他基于书店卖书生意的潜在颠覆性。

## 商业模式创新案例

| | |
|---|---|
| • 安妮塔 · 罗迪克 | 美体小铺 |
| • 弗雷德 · 史密斯 | 联邦快递 |
| • 史蒂夫 · 乔布斯 | 苹果商店、苹果平板电脑、苹果手机 |
| • 比尔 · 盖茨 | 微软 |
| • 迈克尔 · 戴尔 | 戴尔电脑 |
| • 雷 · 克罗奇 | 麦当劳 |
| • 沃尔特 · 迪士尼 | 迪士尼乐园 |
| • 山姆 · 沃尔顿 | 沃尔玛超市 |
| • 汤姆 · 莫纳甘 | 达美乐比萨 |
| • 吉尔伯特 · 特里加诺 | 地中海俱乐部 |
| • 泰德 · 特纳 | 美国有线电视网 |
| • 理查德 · 布兰森 | 维珍 |
| • 查尔斯 · 拉扎鲁斯 | 玩具反斗城 |
| • 莱斯 · 魏瑟纳 | 维多利亚的秘密 |
| • 英格瓦尔 · 卡普雷德 | 宜家 |
| • 霍华德 · 舒尔茨 | 星巴克 |
| • 查尔斯 · 施瓦布 | 嘉信理财 |
| • 马克 · 扎克伯格 | 脸书 |
| • 拉里 · 佩奇，谢尔盖 · 布林 | 谷歌 |

每家公司都必须警惕可能颠覆它们现有业务的新威胁。高管需要拥抱和思考新技术、消费者口味的变化，以及破坏公司计划的商业实践。一旦发现任何严重威胁，他们可以有两个应对之策：一是在价值丧失殆尽前卖掉企业，二是自我颠覆，也就是在别人颠覆自己之前，投身于颠覆自己的商业模式。

## 第48个故事

# 营销的未来

凯文·罗伯茨是沙驰广告公司的首席执行官，他曾经发表了一个关于“营销终结”的演讲。后来，他说他的意思是“老式营销的终结”。100多年来，企业高度掌控着消费者是如何理解它们和它们的产品的。每个企业用大众传媒的力量去塑造消费者对于企业及其产品的态度和认识。

随着数字世界的爆炸式发展，旧的营销世界正在消亡。如今的消费者通过与朋友聊天或上网寻找某企业方方面面的信息来了解企业及其产品。消费者们把零售商店视为展厅，而不是把它们看作商店；对于同一件商品，他们认为零售商的标价应该比手机上看到的别的店的标价低。

所以，今天的企业已经失去了品牌的塑造权。品牌越来越被网上可以彼此交流的用户所塑造。现在的企业从30秒广告上还能获得一些影响力。但是，我预言从现在起到十年后，企业会把 50% 的沟通预算花在社交和数字媒体上。这肯定会发生，因为年轻人不再读报纸了，并且将 TIVO（一种数字录像设备）设备连在电视上，已经没有耐心看广告了。

市场营销若发挥作用，会比沟通更加有效。营销的基本目标应该是为顾客生活增加价值。营销必须对可能影响客户产品满意度的所有因素施加影响力。营销必须对产品施加影响，包括它的特性、价格、易得程度及相关服务，这些经常被称为 4Ps（产品、价格、渠道和促销）。

公司的首席营销官必须负责定义和传播客户价值。首席营销官与公司其他的“首席官”们，包括首席财务官、首席研发官、首席运营官、首席信息官，一起制订公司的当前计划，规划未来产品。但据我的观察，在今天的实践中，首席营销官的作用发挥得仍然非常有限。其他的“首席官”们仍将市场营销视为一种沟通和销售的功能。

市场营销可能正在丧失某些传统功能，将其拱手让给公司的其他部门：

| 市场营销的传统功能 | | 传统功能新归属的部门 |
|---|---|---|
| 新产品 | → | 研发部门 |

| | | |
|---|---|---|
| 创新 | → | 运营部门 |
| 媒体 | → | 科学管理部门 |
| 渠道 | → | 物流和供应链部门 |
| 市场战略 | → | 战略部门 |
| 服务 | → | 客户服务部门 |
| 数据挖掘 | → | IT（信息技术）和计算机部门 |

这样，市场营销只剩下管理：沟通、定价、品牌和差异化、消费者行为。

我们甚至听到批评者问，首席营销官的位置还是不是服务客户利益的合适位置。瑞士洛桑国际管理商学院的总裁多米尼克·托宾在 2012 年 11 月 19 日的《金融时报》上发表了一篇文章，标题是《首席营销官已死，欢迎首席运营官：如何给营销注入新活力》。

他列举了当前首席营销官的四大失败：

（1）大多数首席营销官并没有深入市场行为。他们的注意力在沟通上，而非在产品和定价上。

（2）首席财务官变得更加强势，在艰难时期掌控了定价，而且看起来更有可能升为首席执行官，首席营销官受到的关注少得多。

（3）虽然营销花了成百上千万美元，但市场效果常常难于测量。在艰难时期，营销预算最容易被削减。

（4）没人对市场营销有清晰的认识，相反，大多数人知道生产和财务是什么。多米尼克认为首席营销官的权力已经被侵蚀，首席营销官的头衔应该被首席客户官（Chief Customer Officer）所取代。首席客户官应该了解客户，知道他们想要什么，趋势往哪儿去。首席客户官将会使用客户知识去影响公司对产品特性和定价的讨论。有几家公司已经任命首席客户官了。

但是我不确信首席客户官能做的与一个优秀的首席营销官相比有什么区别。总要有人管理市场营销的全部工作，我觉得那个人应该是首席营销官。

第 49 个故事

# 市场营销与经济的关系

当《日本经济新闻》邀请我写专栏的时候，我高兴坏了。以专栏文章的形式写我的生活、我的思想，跟彼得·德鲁克、托尼·布莱尔及其他名人在同一个系列里，这简直太光荣了。好在这个邀请是基于我近 50 年的工作内容——将市场营销的市场、市场行为、营销决策以更科学、更综合的方式重构。一想到全世界的营销人员和营销经理都是读着我已经出到第 14 版的《营销管理》或第 15 版的《市场营销：原理与实践》而成长的，我就很高兴。同时，我也很惶恐：要是我关于营销实践的理论和建议是错的或者效力不足怎么办？

尽管相反的理论还没有出现，但这并不能证明我的路径将会或者应当继续占上风。我一直鼓励在营销领域出现反对者的声音，因为这是一个领域得以进步的方式。如果我们的市场营销受损，不是因为讨论得太多，而是太少。

我讲过很多次，我对学习经济学的决定很高兴，这是我现在从事市场营销工作的坚实基础。经济学教会了我仔细推理不同的经济变量如何测量，它们之间如何相互影响。我在许多方面得到了大家的认同，包括自由企业参与资本主义动态运行中的角色，政府政策、规定在保护竞争和高标准时的角色，当遭遇金融危机或者由于私人企业或政府的错误导致经济扁平化时，政府在刺激经济时所扮演的角色。

随后我完成了《重新审视资本主义：成功、缺点与解决方案》（*Reexamining Capitalism: Successe, Shortcomings and Solutions*）一书的写作。虽然表现出来的形式不一，但资本主义是世界上运用最广的主流经济体系。在这本书中，我用了 14 章来阐述资本主义的 14 大缺点，并且针对每个缺点提出了解决方案。这些缺点包括：日益扩大的贫富差距、忽视环境保护、贪婪、债务负担、有问题的产品、自动化对工作机会的冲击、经济的过度金融化、GDP 与人们幸福间的脆弱关系等。到 2050 年，地球上将会有 90 亿人口，我们的挑战是提供足够多的资源和工作以支持全球人民过上体面的生活。

有三点值得关注。

第一，尽管资本主义能比其他的经济体系产生更多的财富，但看起来是为少数人创造了大量的财富，大多数人的财富不值一提。贫富差距变得越来越大，这导致资本主义只为少数人所用。繁荣必须为更多的人享有，尤其是大多数消费者应该有足够的购买力以满足他们的需求，同时支持经济的进一步增长。

第二，经济理论没有把可持续发展和保持清洁的空气和水全盘考虑进去。企业继续追求利润最大化，而不管负的外部性的成本。企业永无止境地想去创造更多的需求，生产更多的产品和服务，好像没有考虑到自然资源会被耗尽，气候、空气、水会遭受破坏的风险。

第三，经典经济学理论在思考影响市场行为和市场制度的力量和细节时过于抽象。经典经济学理论没有给予各种形式的营销渠道和营销力量以足够的重视，比如广告、销售队伍、促销等对供求的影响。经典经济学理论仍然假定消费者、中介和生产者拥有理性和利益最大化行为，这些假定正在面临着越来越多的挑战。

如今，新经济学被赋予行为经济学的名称，诺贝尔经济学奖也认可了两名心理学家卡尼曼和特沃斯基，因为他们在非理性经济学方面的研究。行为经济学的确是市场营销的另一种表达，100 多年来，市场营销给经济科学和经济实践提供了很多对经济体系运行的理解。如果有更多的经济学家去追随市场营销理论和实践的发展，新理论和新发现将会大大扩展经济学的边界。

# 尾　声

我想要感谢那些与应邀我撰写专栏文章有关的人，尤其是《日本经济新闻》的田中先生、日本营销协会的高浜先生，以及我之前的学生柴田光博。我是如此投入这份任务，以至我实际上写了 49 篇，我现在将它们结集成书。

（从左至右）高浜先生、田中先生、科特勒与柴田光博

菲利普·科特勒与南希·科特勒（右）

# Publications

## BOOKS

1. Philip Kotler, *Marketing Management: Analysis, Planning, and Control*, Prentice-Hall, 1967. (Subsequent editions 1971, 1976, 1980, 1984, 1988, 1991, 1994, 1997, 2000, 2003, 2006, 2009). Kevin Lane Keller Joined as co-author in 2006.
2. Philip Kotler, Gerald Zaltman, and Ira Kaufman, *Creating Social Change*, Holt, Rinehart, and Winston, 1972.
3. Philip Kotler, *Marketing Decision Making: A Model-Building Approach,* Prentice-Hall, 1972.
4. Philip Kotler, Harold Guetzkow, and Randall L. Schultz, *Simulation in Social Administrative Science: Overviews and Case-Examples*, Prentice-Hall, 1972.

5. Philip Kotler, *Strategic Marketing for Nonprofit Organizations*, Prentice-Hall, 1975. (Subsequent editions in 1982, 1987, 1991, 1996, 2003, 2008). Alan Andreasen joined as co-author in 1986.
6. Philip Kotler, *Principles of Marketing*, Prentice-Hall, 1980. (Subsequent editions 1983, 1986, 1989, 1991, 1994, 1996, 1999, 2001, 2004, 2006, 2008, 2010). Gary Armstrong joined as coauthor in 1989.
7. Philip Kotler and Gary Lilien, *Marketing Models*, Harper & Row, 1983. (It was revised in 1992 and published by Prentice-Hall with the addition of K. Sridhar Moorthy as third author.)
8. Philip Kotler, *Marketing Essentials*, (later changed to *Marketing: An Introduction*), Prentice-Hall 1984, 1987, 1990, 1993, 1997, 2000, 2003, 2005, 2007, 2009. Gary Armstrong joined as co-author in 1990.
9. Philip Kotler, *Marketing Professional Services*, Prentice-Hall, 1984. (Paul N. Bloom in the first edition and Tom Hayes joined us in the second edition in 2002)
10. Philip Kotler and Karen Fox, *Strategic Marketing for Educational Institutions*, Prentice-Hall, 1985, 1995.
11. Philip Kotler, Liam Fahey, and Somkid Jatusripitak, *The New Competition: What Theory Z Didn't Tell You About Marketing*, Prentice-Hall, 1985.
12. Philip Kotler and Roberta N. Clarke, *Marketing for Health Care Organizations*, Prentice-Hall, 1987.
13. Irving Rein, Philip Kotler, and Marty Stoller, *High Visibility: The Making and Marketing of Professionals into Celebrities*, Dodd,Mead, &

Co., 1987. (Subsequent editions 1998, 2006)

14. Philip Kotler and Eduardo Roberto, *Social Marketing: Strategies for Changing Public Behavior*, The Free Press, 1989.

15. Philip Kotler, Norman Shawchuck, Bruce Wrenn, and Gustave Rath, *Marketing for Congregations: Choosing to Serve People More Effectively*, Abingdon Press, 1992. (Revised in 2009 as Philip Kotler, Bruce Wrenn and Norman Shawchuck, *Building Strong Congregations*)

16. Philip Kotler, Irving Rein, and Donald Haider, *Marketing Places:Attracting Investment, Industry, and Tourism to Cities, States, and Nations*, The Free Press, 1993.

17. Philip Kotler, John Bowen, and James Makens, *Marketing for Hospitality and Tourism*, Prentice-Hall, 1996. (Subsequent editions in 1999, 2003, and 2006)

18. Philip Kotler, Gary Armstrong, and Veronica Wong, *Principles of Marketing - European Edition*, Prentice-Hall Europe, 1996.(Subsequent editions in 1999, 2001, and 2005)

19. Philip Kotler, Somkid Jatusripitak, and Suvit Maesincee, *The Marketing of Nations: A Strategic Approach to Building National Wealth,* The Free Press, 1997.

20. Philip Kotler and Joanne Scheff, *Standing Room Only: Strategies for Marketing the Performing Arts,* Harvard Business School Press, 1997.

21. Neil Kotler and Philip Kotler, *Museum Strategy and Marketing:Designing Missions, Building Audiences, Generating Revenue and Resources,* Jossey Bass, 1998, 2008.

22. Philip Kotler, *Kotler on Marketing: How to Create, Win, and Dominate Markets*, The Free Press, 1999.

23. Philip Kotler, Swee Hoon Ang, Siew Meng Leong, and Chin Tiong Tan, *Marketing Management-An Asian Perspective,* Prentice-Hall, 1999, 2006.

24. Philip Kotler, Irving Rein, Donald Haider, and Christer Asplund,*Marketing Places Europe,* Financial Times, 1999.

25. Philip Kotler and Hermawan Kartajaya, *Repositioning Asia: From Bubble to Sustainable Economy,* Wiley, 2000.

26. Philip Kotler, Michael Hamlin, Irving Rein, and Donald Haider,*Marketing Asian Places: Attracting Investment, Industry, and Tourism to Cities, States, and Nations,* Wiley, 2001.

27. Philip Kotler, *A Framework for Marketing Management*, Prentice-Hall, 2001. (Subsequent editions in 2003, 2007, and 2009)

28. Philip Kotler, Dipak Jain, and Suvit Maesincee, *Marketing Moves:A New Approach to Profits, Growth, and Renewal,* Harvard Business School, 2002.

29. Philip Kotler, Nancy Lee and Eduardo Roberto, *Social Marketing:Improving the Quality of Life*, The Free Press, 2002. (Latest title is Philip Kotler and Nancy Lee, *Social Marketing: Influencing Behaviors for Good*, Sage, 2008)

30. Philip Kotler, *Marketing Insights from A to Z: 80 Concepts Every Manager Needs to Know,* Wiley, 2003.

31. Francoise Simon and Philip Kotler, *Global Biobrands: Taking*

*Biotechnology to Market,* The Free Press, 2003.

32. Philip Kotler, Hermawan Kartajaya, Hooi Den Hua, and Sandra Liu, *Rethinking Marketing: Sustainable Marketing Enterprise in Asia,* Prentice-Hall, 2003.

33. Philip Kotler and Fernando Trias de Bes, *Lateral Marketing: A New Approach to Finding Product, Market, and Marketing Mix Ideas,* Wiley, 2003.

34. Philip Kotler, *Ten Deadly Marketing Sins: Signs and Solutions,* Wiley, 2004.

35. Philip Kotler, Hermawan Kartajaya, and David Young, *Attracting Investors: A Marketing Approach to Finding Funds for Your Business,* Wiley, 2004.

36. Philip Kotler and Nancy R. Lee, *Corporate Social Responsi-bility:Doing the Most Good for Your Company and Your Cause,* Wiley, 2005.

37. Philip Kotler, *According to Kotler: The World's Foremost Authority on Marketing Answers All Your Questions,* AMACOM, 2005.

38. Philip Kotler and Waldemar Pfoertsch, *B2B Brand Management,* Springer, 2006.

39. Philip Kotler, David Gertner, Irving Rein, and Donald Haider, *Marketing Places, Latin America,* Makron and Paidos, 2006.

40. Irving Rein, Philip Kotler, and Ben Shields, *The Elusive Fan:Reinventing Sports in a Crowded Marketplace,* McGraw-Hill, 2006.

41. Philip Kotler and Nancy R. Lee, *Marketing in the Public Sector: A*

*Roadmap for Improved Performance*, Wharton School Publishing, 2006.

42. Philip Kotler, Hermawan Kartajaya, and Hooi Den Hua, *Think ASEAN: Rethinking Marketing Toward ASEAN Community 2015*, McGraw-Hill, 2007.
43. Philip Kotler, Joel Shalowitz, and Robert Stevens, *Strategic Marketing for Health Care Organization: Building a Customer Driven Health Care System,* Jossey-Bass, 2008.
44. Philip Kotler and John A. Caslione, *Chaotics: The Business of Managing and Marketing in the Age of Turbulence,* New York: AMACOM, Spring 2009.
45. Philip Kotler and Nancy R. Lee, *Up and Out of Poverty: The Social Marketing Solution* (Philadelphia: Wharton School Publishing,Spring 2009). (A winner in the 800-CEO-Read Business Book Awards for 2009)
46. Hong Cheng, Philip Kotler and Nancy R. Lee, *Social Marketing for Public Health: Global Trends and Success Stories,* Sudbury,Ma., Jones and Bartlett, 2011.
47. Philip Kotler, Hermawan Kartajaya, and Iwan Setiawan, *Marketing 3.0: From Products to Customers to the Human Spirit,* Wiley, 2010.
48. Bruce Wrenn, Philip Kotler, and Norman Shawchuck, *Building Strong Congregations,* Autumn House Publishing, 2010.
49. Philip Kotler and Waldermar Pfoertsch, *Ingredient Branding:Making the Invisible Visible*, Springer 2011.
50. Philip Kotler, Roland Berger, and Nils Bickhoff, *The Quintessence of*

*Strategic Management,* Springer, 2010.

51. Doug McKenzie-Mohr, Nancy R. Lee, P. Wesley Schultz, and Philip Kotler, *Social Marketing to Protect the Environment: What Works*. Sage 2012.

52. Fernando Trias de Bes and Philip Kotler, *Winning at Innovation:The A to F Model*, Palgrave, 2012.

53. Philip Kotler, David Hessekiel, and Nancy R. Lee, *Good Works!Marketing and Corporate Initiatives that Build a Better World...and the Bottom Line*, Wiley, 2013. (Voted 4th best marketing book of the year by Expert Marketing Magazine EMM)

54. Adam Lindgreen, Philip Kotler, Joelle Vanhamme and Francoise Maon, *A Stakeholder Approach to Corporate Social Responsibility:Pressures, Conflicts and Reconciliation,* London, UK, Gower, 2012.

55. Philip Kotler and Milton Kotler, *Market Your Way to Growth:Eight Ways to Win,* Wiley, 2013.

56. Philip Kotler, Kevin Keller, Salah S. Hassan, Imad B. Baalbaki,and Hamed M. Shamma, *Marketing Management (Arab World Edition)*, Pearson Higher Education, 2012.

57. Philip Kotler and Milton Kotler, *Winning Global Markets: How Businesses Invest and Prosper in the World's High Growth Cities*,Wiley 2015.

58. Philip Kotler, *Kotler on Capitalism,* 2015.

## ARTICLES

1. Philip Kotler, "Elements in a Theory of Growth Stock Valuation" *Financial Analysts Journal*, May-June, 1962, pp. 3-10. (Winner of the 1962 Graham and Dodd Award for best article of the year in the Financial Analysts Journal)
2. Philip Kotler. "The Use of Mathematical Models in Marketing" *Journal of Marketing*, October 1963, Vol. 27. Issue 4, pp. 31-41.
3. Philip Kotler, "Marketing Mix Decisions for New Products" *Journal of Marketing Research*, February 1964, Vol. 1, Issue 1, pp.43-49.
4. Philip Kotler, "Toward an Explicit Model for Media Selection" *Journal of Advertising Research*, March 1964, Vol. 4, No. 1, pp. 34-41. (Winner of the 1964 MacLaren Advertising Research Awardand the 1964 Media/Scope Merit Award)
5. Philip Kotler, "Quantitative Analysis in Marketing Research" in *Reflections on Progress in Marketing*, ed. L. George Smith,(Chicago: American Marketing Association, 1965), pp. 651-663.
6. Philip Kotler, "The Competitive Marketing Simulator-A New Management Tool" *California Management Review*, Spring 1965,pp. 49-60. (Winner of the McKinsey Award for the second best article for the year 1964-65 and winner of the 1964 Merit Award of the Chicago Chapter of the American Marketing Association)
7. Philip Kotler, "Phasing Out Weak Products" *Harvard Business Review*,

March-April 1965, Vol. 43, Issue 2, pp. 107-118.

8. Philip Kotler, "Behavioral Models for Analyzing Buyers" *Journal of Marketing*, October 1965, Vol. 29, Issue 4, pp. 37-45.

9. Philip Kotler, "Competitive Strategies for New Product Marketing Over the Life Cycle" *Management Science*, December 1965, Vol. 12, No. 4, pp. 104-119.

10. Philip Kotler, "Diagnosing the Marketing Takeover" *Harvard Business Review*, November-December 1965, Vol. 43, Issue 6, pp. 70-72.

11. Philip Kotler, "Profits and the Marketing Concept" Synopsis, *Journal of the Belgian National Productivity Center*, December 1965, pp. 1-16.

12. Philip Kotler, "Evaluating Competitive Marketing Strategies through Computer Simulation" in *Marketing and Economic Growth*, ed. Peter D. Bennett, (Chicago: American Marketing Association, 1966), pp. 338-352.

13. Philip Kotler, "Computerized Media Selection: Some Notes on the State of the Art" *Occasional Papers in Advertising*,(*Applications of the Sciences in Marketing Management*, Special Editor C. H. Sandage) Vol. 1, No. 1, January 1966, pp. 45-52.(Babson Park, MA: American Academy of Advertising, The Babson Institute). (Winner of a Silver Award in the 1965 Thomson Media Research Award Program)

14. Philip Kotler, "A Guide to Long-Range Product-Market Planning" Synopsis, *Journal of the Belgian National Productivity Center*, July-August 1966, pp. 13-24.

15. "New Mathematics for Marketing Planning" in *New Ideas for Successful Marketing*, ed. John S. Wright and Jack L. Goldstucker,

(Chicago: American Marketing Association, 1966),pp. 507-528.

16. Philip Kotler, "A Design for the Firm's Marketing Nerve Center" *Business Horizons*, Fall 1966, Vol. 9, Issue 3, pp. 63-74.

17. Philip Kotler, "Operations Research in Marketing" *Harvard Business Review*, January-February 1967, Vol. 45, Issue 1, pp. 3-188.

18. Philip Kotler, "Computer Simulation in the Analysis of New-Product Decisions" in *Applications of the Sciences in Marketing Management*, ed. Frank M. Bass, Charles W. King and Edgar A.Pessemier, (NY: John Wiley & Sons, 1968), pp. 281-331.

19. Philip Kotler, "Decision Processes in the Marketing Organization" in *Systems: Research and Applications for Marketing*, Ed. Daniel Slate and Robert Ferber, (Urbana, IL: University of Illinois,Bureau of Economic and Business Research, 1968), pp. 57-70.

20. Philip Kotler, "Mathematical Models of Individual Buyer Behavior" *Behavioral Science*, July 1968, Vol. 13, No. 4, pp. 274-287.

21. Philip Kotler, "Marketing Education in the 1970s" in *Changing Marketing Systems: Consumer, Corporate, and Government Interface*, Ed. Reed Moyer, (Chicago, IL: American Marketing Association, 1969)

22. Philip Kotler, "Some Needed Extensions in the Theory of Marketing Programming" Proceedings of the 1968 Fall Conference of the American Marketing Association. (Chicago, IL:American Marketing Association, 1969)

23. Philip Kotler and Sidney J. Levy, "Broadening the Concept of Marketing" *Journal of Marketing*, January 1969, Vol. 33, Issue 1,pp. 10-

15. (Winner of the 1969 Alpha Kappa Psi Foundation Award for the best 1969 paper in the *Journal of Marketing*)

24. Philip Kotler, "Coping with the Complexities of Marketing" *The Conference Board Record*, January 1969, Vol. 1, Nc. 1, pp.53-59.

25. Philip Kotler, "The Future of the Computer in Marketing" *Journal of Marketing*, January 1970, Vol. 34, Issue 1, pp. 11-14.

26. Sidney J. Levy and Philip Kotler, "Beyond Marketing: The Furthering Concept" *California Management Review*, Winter 1969, Vol. 12, No. 2, pp. 67-73.

27. Philip Kotler and Randall L. Schultz, "Marketing Simulations:Review and Prospects" *Journal of Business of the University of Chicago*, July 1970, Vol. 43, No. 3, pp. 237-295.

28. Philip Kotler, "Corporate Models: Better Marketing Plans" *Harvard Business Review*, July-August 1970, Vol. 48, Issue 4, pp. 135-149.

29. Philip Kotler, "A Guide to Gathering Expert Estimates: The Treatment of Unscientific Data" *Business Horizons*, October 1970,Vol. 13, Issue 5, pp. 79-87.

30. Philip Kotler, "The Elements of Social Action" *American Behavioral Scientist*, May-June 1971, Vol. 14, Issue 5, pp. 691-717.

31. Philip Kotler and Gerald Zaltman, "Social Marketing: An Approach to Planned Social Change" *Journal of Marketing*, July 1971, Vol. 35, Issue 3, pp. 3-12. (Winner of the 1971 Alpha Kappa Psi Foundation Award for the best 1971 article in the *Journal of Marketing*)

32. Philip Kotler, "Metamarketing: The Furthering of Organizations,

Persons, Places, and Causes" *Marketing Forum*, July-August 1971, pp. 13-23.

33. Philip Kotler and Sidney J. Levy, "Demarketing, Yes, Demarketing" *Harvard Business Review*, November-December 1971, Vol. 49, Issue, 6, pp. 74-80.

34. Philip Kotler, "A Generic Concept of Marketing" *Journal of Marketing*, April 1972, Vol. 36, Issue 2, pp. 46-54. (Winner of the 1972 Alpha Kappa Psi Foundation Award for the best 1972 article in the *Journal of Marketing*)

35. Philip Kotler, "What Consumerism Means to Marketers" *Harvard Business Review*, May-June 1972, Vol. 50, Issue 3, pp. 48-57.

36. Philip Kotler and Sidney J. Levy, "Buying is Marketing, Too!"*Journal of Marketing*, January 1973, Vol. 37, Issue 1, pp. 54-59.

37. Philip Kotler, Fred C. Allvine, and Paul N. Bloom, "It's Time to Cut Down on Advertising Waste" *Business and Society Review*,Winter 1972-73, No. 4, pp. 9-18.

38. Philip Kotler, "Atmospherics as a Marketing Tool" *Journal of Retailing*, Winter 1973-74, Vol. 49, Issue 4, pp. 48-64.

39. Philip Kotler and Bernard Dubois, "Education Problems and Marketing" in *Marketing Analysis For Societal Problems*, ed.Jagdish N. Sheth and Peter L. Wright, (Urbana, IL.: Bureau of Business and Economic Research, 1974), pp. 186-206.

40. Philip Kotler, "The Major Tasks of Marketing Management" *Journal of Marketing*, October 1973, Vol. 37, Issue 4, pp. 42-49.

41. Philip Kotler, "Marketing During Periods of Shortage" *Journal of Marketing*, July 1974, Vol. 38, Issue 3, pp. 20-29.
42. Philip Kotler, "Advertising in the Nonprofit Sector" in *Advertising and Society*, ed. Yale Brozen, (NY: New York University Press, 1974), pp. 169-189.
43. Paul N. Bloom and Philip Kotler, "Strategies for High Market-Share Companies" *Harvard Business Review*, November-December 1975, Vol. 53, Issue 6, pp. 63-72.
44. Philip Kotler and Michael Murray, "Third Sector Management -The Role of Marketing" *Public Administration Review*,September-October 1975, Vol. 35, Issue 5, pp. 467-472. (Part winner of the Dimock Award, awarded to articles judged to present the most "innovative solutions for the 70s.")
45. Philip Kotler and V. Balachandran, "Strategic Remarketing: The Preferred Response to Shortages and Inflation" *Sloan Management Review*, Fall 1975, Vol. 17, Issue 1, pp. 1-17.
46. Philip Kotler and Gerald Zaltman, "Targeting Prospects for a New Product" *Journal of Advertising Research*, Feb 1976, Vol. 16,Issue 1, pp. 7-20.
47. Philip Kotler and Richard A. Connor, Jr., "Marketing Professional Services" *Journal of Marketing*, January 1977, Vol. 41, Issue 1, pp. 71-76.
48. Philip Kotler, "Applying Marketing Theory to College Admissions" in *A Role for Marketing in College Admissions*, by the College Entrance

Examination Board, pp. 54-72, (NY: College Entrance Board, 1976).

49. Philip Kotler, William Gregor, and William Rodgers "The Marketing Audit Comes of Age," *Sloan Management Review*,Winter 1977, Vol. 18, Issue 2, pp. 25-43.

50. Philip Kotler, "From Sales Obsession to Marketing Effectiveness," *Harvard Business Review*, November-December 1977, Vol. 55,Issue 6, pp. 67-75.

51. Philip Kotler, "Marketing's Drive to Maturity" in *ChangingMarketing Strategies in a New Economy*, ed. Jules Backman and John A. Czepiel, (Indianapolis: Bobbs-Merrill Education Publishing, 1977), pp. 43-64.

52. Philip Kotler and Lenore Borzak, "The Market for Personal Growth Services" in *Advances in Consumer Research*, ed. H.Keith Hunt, Vol. 5, (Ann Arbor, MI: Association for Consumer Research, 1978), pp. 290-294.

53. Philip Kotler, "Axioms for Societal Marketing," in *New Frontiers for Marketing*, ed. George Fisk, Johan Arndt, and Kjell Gronhaug, 1978.

54. Philip Kotler, "Marketing" in *Handbook of Operations Research*, Chapter 3, Section 1, Vol. 2 (NY: Van Nostrand Reinhold Company, 1978).

55. Philip Kotler, "Harvesting Strategies for Weak Products"*Business Horizons*, August 1978, Vol. 21, Issue 4, pp. 15-22.

56. Philip Kotler and William Mindak "Marketing and Public Relations: Should They Be Partners or Rivals?" *Journal of Marketing*, October 1978, Vol. 42, Issue 4, pp. 13-20.

57. Philip Kotler, "Educational Packagers: A Modest Proposal" *The Futurist*, August 1978, Vol. 12, No. 4, pp. 239-242.

58. Philip Kotler, "A Critical Assessment of Marketing Theory and Practice" in *Diffusing Marketing Theory and Research: The Contributions of Bauer, Green, Kotler and Levitt*, ed. Alan R.Andreasen and David M. Gardner, (Champaign, IL: The University of Illinois Press, 1978).

59. Philip Kotler, "Strategies for Introducing Marketing into Nonprofit Organizations" *Journal of Marketing*, January 1979, Vol. 43, Issue 1, pp. 37-44.

60. Philip Kotler, "The Future Marketing Manager" in *Proceedings of the American Marketing Association*, ed. Betsy Gelb, 1978.

61. Philip Kotler, "Market Challenger Strategies" in *Handbook of Business Planning and Budgeting for Executives with Profit Responsibility*, ed. Thomas S. Dudick and Robert V. Gorski. (NY:Van Nostrand Reinhold, 1980) pp. 66-70.

62. Arthur Sterngold and Philip Kotler, "A Marketing Approach to Energy Conservation" in *The Conserver Society*, ed. Karl Henion II and Thomas Kinnear, (Chicago, IL: American Marketing Association, 1979), pp. 193-207.

63. Karen F.A. Fox and Philip Kotler, "The Marketing of Social Causes: The First 10 Years" *Journal of Marketing*, Fall 1980, Vol. 44, No. 4, pp. 24-33.

64. Philip Kotler and Patrick E. Murphy, "Strategic Planning for Higher Education" *Journal of Higher Education*, September-October 1981, Vol. 52, No. 5, pp. 470-489.

65. Philip Kotler and Ravi Singh (Achrol), "Marketing Warfare in the

1980s" *Journal of Business Strategy*, Winter 1981, Vol. 1,Issue 3, pp. 30-41.

66. Philip Kotler and Neil Kotler, "Business Marketing for Political Candidates" *Campaigns and Elections*, Summer 1981, pp. 24-33.

67. Karen F.A. Fox and Philip Kotler, "Reducing Cigarette Smoking:An Opportunity for Social Marketing?" *Journal of Health CareMarketing*, Winter 1980-81, Vol. 1, Issue 1 pp. 8-17.

68. Philip Kotler and Liam Fahey, "The World's Champion Marketers: The Japanese" *Journal of Business Strategy*, Summer 1982, Vol. 3, Issue 1, page 3-13.

69. Philip Kotler and Leslie A. Goldgehn, "Marketing: A Definition for Community Colleges" in *New Directions for Community Colleges: Marketing the Program*, ed. William and Marybelle Keim, (San Francisco: Jossey-Bass Inc., 1981).

70. Philip Kotler, "'Dream' Vacations: The Booming Market for Designed Experiences" *The Futurist*, October 1984, Vol. 18, Issue 5, pp. 7-13.

71. Philip Kotler and G. Alexander Rath, "Design: A Powerful But Neglected Strategic Tool" *Journal of Business Strategy*, Fall 1984,Vol. 5, Issue 2, pp. 16-21.

72. Somkid Jatusripitak, Liam Fahey, and Philip Kotler, "Strategic Global Marketing: Lessons from the Japanese" *Columbia Journal of World Business*, Spring 1985, Vol. 20, Issue 1, pp. 47-53.

73. Philip Kotler and Murali K. Mantrala, "Flawed Products:Consumer Responses and Marketer Strategies" *Journal of Consumer Marketing*,

Summer 1985, Vol. 2, No. 3, pp. 27-36.

74. Philip Kotler and Liam Fahey, "Japanese Strategic Marketing:An Overview" in *Strategic Marketing and Management*, ed.Howard Thomas and David Gardner (NY: John Wiley & Sons,Inc., 1985), pp. 441-451.

75. Karen F.A. Fox and Philip Kotler, "Strategic Marketing for New Programs" Selections (*The Magazine of the Graduate Management Admissions Council*), Autumn 1984, pp. 15-22.

76. Philip Kotler and Karen F.A. Fox, "The Marketing Planning Process" *Journal of Higher Education Management*, Summer/Fall 1985, pp. 33-55.

77. Philip Kotler, "Megamarketing" *Harvard Business Review*,March/April 1986, Vol. 64, Issue 2, pp. 117-124.

78. Philip Kotler, "Prosumers: A New Type of Consumer" *The Futurist*, September/October 1986, Vol. 20, Issue 5, pp. 24-28.

79. Philip Kotler, "How to Set the Hospital's Marketing Budget" *Journal of Health Care Marketing*, March 1986, Vol. 6, No. 1 pp.7-12.

80. Philip Kotler and Roberta E. Clark, "Creating the Responsive Organization" *Healthcare Forum*, May/June 1986, pp. 26-32.

81. Philip Kotler, "Idea Management" *AWH Healthcare Forum*,March/April 1986, pp. 45-48.

82. Philip Kotler, "Global Standardization - Courting Danger" *Journal of Consumer Marketing*, Spring 1986, Vol. 3, No. 2, pp. 13-15.

83. Philip Kotler, "Global Marketing Strategies" in *Protectionism:Can American Business Overcome It*, ed. Douglas Lamont (Indianapolis, In:

Books Craft, Inc., 1986).

84. Philip Kotler, "Meeting the New Competition from Japan and theFar East" *Journal of Global Marketing.*

85. Philip Kotler, "Semiotics of Person and Nation Marketing" in *Marketing and Semiotics*, ed. by Jean Umiker-Sebeok, (Berlin;Paris: Mouton de Gruyer, 1987) pp. 3-12.

86. Philip Kotler, "The Convenience Store: Past Developments and Future Prospects" in *Historical Perspectives in Marketing: Essays in honor of Stanley C. Hollander*, ed. Terrence Nevett and Ronald A. Fullerton (Lexington, MA: Lexington Books, 1988), pp. 163-175.

87. Philip Kotler, "Humanistic Marketing: Beyond the Marketing Concept" in *Philosophical and Radical Thought in Marketing*, ed.A. Fuat Firat, Nikhilesh. Dholakia, and Richard P. Bagozzi,(Lexington, MA: Lexington Books, 1987), pp. 271-288.

88. Philip Kotler, "Broadening the Concept of Marketing Still Further: The Megamarketing Concept" in *Contemporary Views on Marketing Practice*, ed. Gary L. Frazier, and Jagdish N. Sheth.(Lexington, MA: Lexington Books, 1987), pp. 3-18.

89. Philip Kotler, "The Potential Contributions of Marketing Thinking to Economic Development" in *Marketing and Development: Toward Broader Dimensions (Research in Marketing,Supplement 4)*, ed. Erdoğan Kumcu and A. Fuat Firat (Greenwich,Conn. JAI Press Inc., 1988), pp. 1-10.

90. Philip Kotler and Nikhilesh Dholakia, "Ending Global Stagnation:

Linking the Fortunes of the Industrial and Developing Countries" *Business in the Contemporary World*, Spring 1989, pp. 86-97.

91. Philip Kotler, "From Mass Marketing to Mass Customization" *Planning Review*, September-October 1989, Vol. 17, No. 5, pp. 10-13.

92. Howard Barich and Philip Kotler, "A Framework for Marketing Image Management" *Sloan Management Review*, Winter 1991, Vol. 32, No. 2, pp. 94-104.

93. Philip Kotler, "Globalization-Realities and Strategies" *Die Unternehmung*, February 1990, pp. 79-99.

94. Philip Kotler and Paul J. Stonich, "Turbo-Marketing Through Time Compression" *Journal of Business Strategy*, September/October 1991, Vol. 5, Issue 5, pp. 24-29.

95. Philip Kotler, "It's Time for Total Marketing" *Business Week Advance Briefs*, Vol. 2, September 1992, pp. 1-21.

96. Philip Kotler, "Marketing's New Paradigm: What's Really Happening Out There" *Planning Review (a Publication of the Planning Forum)*, Conference Special Issue, September-October 1992, Vol. 20, No. 5, pp. 50-52.

97. Philip Kotler and Bruce Wrenn, "The Marketing of Parochial School Modeled as an Exchange Process" *Journal of Research on Christian Education*, Spring 1993, pp. 119-134.

98. Bruce Wrenn, Norman Shawchuck, Philip Kotler, and Gustave Rath, "What Does It Mean for Pastors to Adopt Market Orientation?" *Journal of Ministry Marketing, and Management*, Summer 1995, Vol. 1, No. 1,

pp. 5-23.

99. Philip Kotler, Donald Haider, and Irving Rein, "There's No Place Like Our Place! The Marketing of Cities, Religions, and Nations" *The Futurist*, November-December 1993, Vol. 27, No. 6, pp. 14-21.

100. Philip Kotler, Bruce Wrenn, Norman Shawchuck, and Gus Rath, "Can (Should) Religion Be Marketed?" *Quarterly Review*,Summer 1994, pp. 117-134.

101. Philip Kotler and Alan Andreasen, "Strategic Marketing for Non-Profit Organizations" in *Companion Encyclopedia of Marketing*, ed. Michael J. Baker, (London: Routledge, 1995), pp.930-950.

102. William H. Rodgers, Gerard A. Osborne, and Philip Kotler" Auditing the Marketing Function," in *AMA Management Handbook*, ed. John J. Hampton, (3rd edition) (N.Y.: AMACOM, 1994).

103. Philip Kotler, "Reconceptualizing Marketing: An Interview with Philip Kotler" *European Management Journal*, December 1994, Vol. 12, No. 4, pp. 353-361.

104. Philip Kotler, "Marketing and Merchandising" *Encyclopedia Britannica*, 1995, pp. 495-508.

105. Philip Kotler, "From Mass Marketing to Self-Marketing" in *Markt-und Menschenorientierte Unternehmensführung*, ed.Bruno Staffelbach and Hans Peter Wehrli, (Essays in honor of Krulis-Randa, University of Zurich, 1996).

106. Joanne Scheff and Philip Kotler, "How the Arts Can Prosper through Strategic Collaborations" *Harvard Business Review*, January-February,

1996, Vol. 74, Issue 1, pp. 52-62.

107. Joanne Scheff and Philip Kotler, "Crisis in the Arts: The Marketing Response" *California Management Review*, Fall 1996, Vol. 39, No. 1, pp. 28-52.

108. Philip Kotler, "Mapping the Future Marketplace" in *Rethinking the Future: Rethinking Business, Principles, Competition, Control & Complexity, Leadership, Markets, and the World*, ed. Rowan Gibson, (London: Nicholas Brealey Publishing, 1997), pp. 196-210.

109. Philip Kotler, "Competitiveness and Civic Character" in *The Organization of the Future*, ed. Frances Hesselbein, Marshall Goldsmith, and Richard Beckhard (San Francisco: Jossey-Bass, 1997), pp. 151-58.

110. Philip Kotler and Alan R. Andreasen, "Not-for-Profit Marketing" *International Encyclopedia of Business and Management*, ed. Malcolm Warner. (London: Thompson Publishing, 1996), pp. 3696-3707.

111. Philip Kotler, "Role of the Marketing Department in the Organization of the Future" in *Marktorientierte Unternehmensführung: Reflexionen, Denkanstöße, Perspektiven* (Frankfurt: Germany, Gabler, 1997), pp. 491-496.

112. Philip Kotler, "Managing Direct and Online Marketing" in *Handbuch Database Marketing*, ed. Jörg Link, Dieter Brändli,Christian Schleuning, and Roger E. Kehl. IM Fachverlag, Auflage, 1997, pp. 492-511.

113. Philip Kotler and Bernard Dubois, "Le Marketing Direct Interactif:

Marketing du 21 ème Siècle?" *Revue Francaise de Marketing*, No. 164, 1997/4, pp. 43-58.

114. Philip Kotler and Neil Kotler, "Political Marketing—Generating Effective Candidates, Campaigns, and Causes" in *Handbook of Political Marketing*, ed. Bruce Newman. Sage, 1999,pp. 3-18.

115. Philip Kotler, "The Marketing of Leadership" *Leader to Leader*, Winter 1999, pp. 22-27.

116. Philip Kotler, "Boards Should Tune in to Corporate Marketing Programs" *Directorship*, July/August 1999, Vol. 25 (7),pp. 12-13 and 19.

117. Ravi S. Achrol and Philip Kotler, "Marketing in the Network Economy" *Journal of Marketing*, Special Issue 1999, Vol.63 (4) pp.146-163.

118. Nirmalya Kumar, Lisa Sheer, and Philip Kotler, "From Market Driven to Market Driving" *European Management Journal*, April 2000, Vol. 18, No. 2, pp. 129-142.

119. Mohanbir Sawhney and Philip Kotler, "Marketing in the Age of Information Democracy" in *Kellogg on Marketing*, ed.Dawn Iacobucci. Wiley, 2000, Chapter 13, pp. 386-408.

120.. Swee Hoon Ang, Siew Meng Leong, and Philip Kotler, "The Asian Apocalypse: Crisis Marketing for Consumers and Businesses" *Long Range Planning*, February 2000, Vol. 33 (1), pp.97-119.

121. Philip Kotler, Dipak Jain, and Suvit Maesincee, "Nine Major Shifts in the New Economy" in *Electronic Customer Relationship Management*, ed. Andreas Eggert and Georg Fassott.Schäffer-Poeschel, 2001, pp.

15-26.

122. Philip Kotler and Hermawan Kartajaya, “Only the Sustainable Succeed: Lessons from Asian Survivors” *Nanyang Business Review*, Vol. 1, No. 1, 2002.

123. Neil Kotler and Philip Kotler, “Can Museums Be All Things to All People? Missions, Goals, and Marketing’s Role” *Museum Management and Curatorship*, Vol. 18, No. 3, 2000, pp. 271-287.

124. Philip Kotler and David Gertner, “Country as Brand, Product and Beyond: A Place Marketing and Brand Management Perspective” *Journal of Brand Management*, April 2002, Vol. 9 (4/5), pp. 249-261.

125. Philip Kotler and Robert Spekman, “The Marketing Consultant” in *Handbook of Management Consulting: The Contemporary Consultant, Insights from World Experts,* ed. Larry E. Greiner and Flemming Poulfelt. South-Western College Publishing, 2004.

126. Philip Kotler and Nancy Lee, “Best of Breed” *Stanford Social Innovation Review*, Vol. 1, No. 4, Spring 2004, pp. 14-23.

127. Philip Kotler, “Wrestling with Ethics: Is Marketing Ethics an Oxymoron?” *Marketing Management*, November-December 2004, Vol. 13 (6), pp. 30-35.

128. David Gertner and Philip Kotler, “How Can a Place Correct a Negative Image” *Place Branding*, January 2005, Vol. 1 ,No 1, pp. 50-57.

129. Philip Kotler, “A Three-Part Plan for Upgrading Your Marketing Department for New Challenges” *Strategy and Leadership*, Vol. 32, No. 5, 2004, pp. 4-9.

130. Philip Kotler, "The Role Played by the Broadening of Marketing Movement in the History of Marketing Thought" *Journal of Public Policy and Marketing*, May 2005, Vol. 24 (1), pp. 114-116.

131. Ravi S. Achrol and Philip Kotler, "The Service-Dominant Logic for Marketing: A Critique" in *The Service-Dominant Logic of Marketing: Dialog, Debate, and Directions*, ed. Robert F. Lusch and Stephen L. Vargo. M.E. Sharpe, 2006.

132. Philip Kotler, "Ethical Lapses of Marketers" in *Does Marketing Need Reform*, ed. Jagdish N. Sheth and Rajendra S.Sisodia. M.E. Sharpe, 2006, pp. 153-157.

133. Kevin Lane Keller and Philip Kotler, "Holistic Marketing:A Broad, Integrated Perspective to Marketing Management" in *Does Marketing Need Reform*, ed. Jagdish N. Sheth and Rajendra S. Sisodia. M.E. Sharpe, 2006, pp. 300-05.

134. Philip Kotler, "Alphabet Soup" *Marketing Management*, 2006, Vol. 15 (2), p. 51.

135. Philip Kotler, Neil Rackham, and Suj Krishnaswamy "Ending the War Between Sales and Marketing," *Harvard Business Review*, July 2006, Vol. 84 (7/8), pp. 68-78.

136. Philip Kotler, Ned Roberto, and Tony Leisner, "Alleviating Poverty: A Macro/Micro Marketing Perspective" *Journal of Macromarketing*, December 2006, Vol. 26, No. 2, pp. 233-39.

137. Philip Kotler and John C. Westman, "What CEO's Need to Know and Do About Marketing" *Leader to Leader Journal*, No. 42, Fall 2006.

138. Philip Kotler and Nancy R. Lee, "Marketing in the Public Sector: The Final Frontier" *The Public Manager*, Spring 2007, Vol. 36 (1), pp. 12-17.

139. Philip Kotler and Waldemar Pfoertsch, "Being Known or Being One of Many: The Need for Brand Management for Business-to-Business (B2B) Companies" *The Journal of Business& Industrial Marketing*, 2007, Vol. 22, No. 6, pp. 357-362.

140. Philip Kotler, "Marketing: The Unappreciated Work Horse" *Market Leader*, Quarter 2, 2009, pp. 2-4.

141. Philip Kotler, Rob Wolcott, and Suj Chandrasekhar, "Masters of Value and Possibility: Optimizing the Marketing and Research & Development Relationship" *Business Insight*,http://sloanreview.mit.edu/business-insight/articles/209/1/.

142. Robert Shaw and Philip Kotler, "Rethinking the Chain:Make Marketing Leaner, Faster and Better" Marketing Management, July-August 2009, pp. 18-23.

143. Philip Kotler and John Caslione, "How Marketers Can Respond to Recession and Turbulence" Journal of Consumer Behavior, Vol 8-Summer 2009, pp. 187-191.

144. Nancy R. Lee and Philip Kotler, "Ending Poverty: "What's Social Marketing Go to Do With It?" SMQ, Winter 2009, pp. 134-40.

145. Robert Shaw and Philip Kotler, "Rethinking the Chain:Leaner, Faster and Better Marketing" Market Leader, Quarter 1, 2010.

146. Kevin Lane Keller and Philip Kotler, "Branding in B2B Firms," in

*Business to Business Marketing Handbook*, eds. Gary L. Lilien and Rajdeep Grewal, Edward Elgar Publishing, forthcoming.

147. Philip Kotler and David Gertner, "A Place Marketing and Brand Management Perspective Revisited" in Nigel Morgan and Annette Prichard's *Destination Brands: Managing Place Reputation*, 3rd ed., Elsevier, 2011.

148. R. Craig Lefebvre and Philip Kotler, "Design Theory, Demarketing, and Behavioral Economics: Fostering Interdisciplinary Growth in Social Marketing" in Hastings and Bryants, *The SAGE Handbook of Social Marketing,* 2012.

149. Philip Kotler and Ravi Achrol, "The Frontiers of the Marketing Paradigm in the Third Millenium" *Journal of the Academy of Marketing Science (JAMS)*... 2012.

150. Philip Kotler, "Philip Kotler's Contributions to Marketing Theory and Practice" for volume 8 of *Review of Marketing Research*: "Special Issue – Marketing Legends".

151. Philip Kotler, "Re-Inventing Marketing to Manage the Environmental Imperative" *Journal of Marketing*, July 2011 volume 75, pp. 132-135.

152. Philip Kotler, Bobby J. Calder, Edward C. Malthouse and Peter J. Korsten, "How Chief Marketing Officers Rate Their Influence" M.I.T. Sloan Management Review, October? Link:http://sloanreview.mit.edu/x/54108.

153. Philip and Milton Kotler, "The Global Economy of Cities"*Cambridge Review,* 2013.